LETTRES DE PRISON

Nathalie GETTLIFFE

LETTRES DE PRISON

Présenté par Francis Gruzelle

Michel LAFON

Avertissement de l'éditeur

Nous avons choisi de publier intégralement les lettres que Nathalie Gettliffe a envoyées à ses proches. Les textes n'ont pas été modifiés car, écrits spontanément, ils reflètent les émotions de la jeune femme, son désarroi, sa douleur, sa colère, sa révolte et aussi, parfois, son désespoir et sa peur.

Seul le nom d'un médecin a été volontairement occulté, par respect de la procédure et du « droit à l'oubli » des condamnations passées.

7-13, boulevard Paul-Émile-Victor – Île de la Jatte
92521 Neuilly-sur-Seine Cedex
www.michel-lafon.com

À ma mère Joséphine Gettliffe-Aguire,
mère courage qui prend soin
d'apporter amour et tendresse
à notre bébé Jean-Philippe.
À nos enfants sacrifiés sur l'autel de la Justice.
À tous les humbles et défavorisés
qui souffrent en silence.

– AVANT-PROPOS –

J'ai connu Francis Gruzelle en décembre 2002, alors que je m'étais réfugiée en Ardèche en 2001 afin de soustraire mes deux enfants à leur père canadien, mon ex-mari, membre d'une redoutable secte. Journaliste au *Dauphiné libéré*, Francis a défendu ma cause dans son quotidien. J'en avais grand besoin car les juges de Vancouver avaient pris fait et cause pour mon époux et exigeaient que je lui restitue les enfants. J'ai lié des liens amicaux avec Francis. Au fil des semaines, ils se sont transformés en liens affectifs. Nous avons eu un enfant, et j'en attends un second.

En avril 2006, j'ai été arrêtée au Canada, où je me rendais pour une tentative de conciliation concernant mes petits, puis incarcérée dans des conditions épouvantables, malgré ma grossesse.

J'ai détaillé ma détention dans de longues lettres

écrites à mes proches et à mon compagnon. Francis les a regroupées et, après avoir raconté la genèse de l'histoire, il en a fait ce témoignage qui, je l'espère, sera entendu et contribuera à débloquer la situation, dans l'intérêt des enfants avant tout...

L'HISTOIRE

10 avril 2006 : l'arrestation

Le 10 avril 2006, le piège s'est refermé sur ma compagne, Nathalie Gettliffe, trente-cinq ans, professeur d'anglais à l'université Lyon-II, mère de trois enfants, enceinte d'un quatrième.

Ce jour-là, attirée dans un véritable guet-apens, elle a été arrêtée à sa descente d'avion sur l'aéroport de Vancouver, au Canada, dans l'État de Colombie-Britannique, alors qu'en accord avec les autorités judiciaires canadienne et française elle venait signer avec son ex-mari, Scott Grant, une conciliation concernant la garde des deux enfants nés de leur union, Maximilien, treize ans, et Joséphine, onze ans.

Trente-six heures plus tard, après un tour de passe-passe opéré par des policiers et des juges locaux, Nathalie, qui avait pourtant obtenu de solides garanties officielles, a été emprisonnée à Surrey, à côté de Vancouver.

Son crime ? Avoir soustrait ses deux enfants à l'emprise d'une secte, l'Église internationale du Christ *(International Christ Church*, ICC*)*, que fréquente assidûment leur père.

Au moment où elle est incarcérée, Maximilien et Joséphine vivent en France, depuis 2001, en attendant que les juges se prononcent sur leur cas. Ce n'est pas simple. L'imbroglio est total, les deux parties se déchirent.

Scott Grant est prêt à tout pour récupérer son garçon et sa fille, dont les tribunaux lui ont confié la garde sur la foi d'un rapport établi par un médecin proche de la secte et condamné quatorze fois par la justice pour des actes de cruauté, notamment sur des enfants. Dans ces conditions il est évident que leur mère ne voulait pas entendre parler d'un retour au Canada. Mais Scott est soutenu dans son combat par les magistrats de son pays. Leur attitude favorise plus l'affrontement que l'apaisement, ce qui ne facilite pas les tractations.

Début avril, Nathalie croyait pourtant toucher au but. Des négociations paraissaient enfin aboutir. Des deux côtés de l'Atlantique on lui avait assuré qu'elle pouvait se rendre en toute tranquillité au

Canada afin de clore le dossier. Un accord semblait avoir été trouvé. Rassurée, et pressée d'en finir avec cette histoire qui n'avait que trop duré, elle avait alors bouclé ses valises, ne se doutant pas qu'elle se jetait dans la gueule du loup.

En effet, contrairement à leurs promesses, les Canadiens l'arrêtaient dès son arrivée à Vancouver, et la justice française avouait son impuissance devant ce coup de force.

Les autorités canadiennes annonçaient alors à Nathalie qu'elle allait être traduite en justice. Mais la magistrate en charge du dossier mettait un préalable à l'ouverture du procès : celui-ci ne pourrait s'ouvrir que lorsque les enfants auraient regagné le domicile de leur père.

Les enfants contre la liberté de leur mère...

Chantage et impasse, puisque ma compagne refuse que Maximilien et Joséphine retombent sous l'influence de leur père et de sa secte. Sans compter que tous deux ont exprimé le désir de rester en France.

Commence alors pour Nathalie une interminable attente en prison, dans des conditions de détention déplorables et terriblement dangereuses pour une femme enceinte de cinq mois de notre deuxième enfant. Les risques de fausse couche sont manifestes, ce dont personne ne se soucie. Certains jouent même de cette situation pour accentuer la pression, au mépris de ces risques, que de mauvais traitements peuvent générer.

Or il se trouve que la mère de Scott Grant a travaillé à la prison de Surrey, et que son compagnon est procureur général. Autant dire que Nathalie aura du mal à faire entendre sa cause. Elle est tombée entre les griffes de ses adversaires, lesquels ne lui pardonnent pas d'avoir exfiltré les enfants. Il y avait pourtant de bonnes raisons à cela, que Nathalie ne pouvait soupçonner lorsqu'elle a fait la connaissance de Scott.

Cela lors de vacances passées à Vancouver en 1988.

1988 : rencontre à Vancouver

Vancouver, Nathalie connaît bien. Elle s'y rend souvent en vacances. Une partie de sa famille vit là-bas depuis que son grand-père a fui le Pays basque et le régime franquiste, pendant la dernière guerre, pour se réfugier au Canada. De surcroît Valentin, un oncle de ma compagne, y a ouvert un restaurant... où travaille Scott à l'époque. C'est là que Nathalie l'a rencontré. Le 29 juillet 1989, les deux jeunes gens sont venus se marier en France, à Satillieu, en Ardèche, avant de repartir s'installer à Vancouver.

Pendant des années, tout s'est bien passé. L'oncle Valentin a aidé Scott à monter un restaurant, Nathalie a bouclé ses études de langues, et deux enfants sont nés : Maximilien, le 29 janvier 1993, puis Joséphine, le 23 mai 1995. Un avenir serein s'offrait à une famille heureuse. Jusqu'en 1999 où, brusquement, tout bascule.

1999 : la secte

Cette année-là Scott Grant change d'emploi. Il se proclame conseiller financier, et ouvre un cabinet. Dans le même temps – et les deux événements sont sans doute liés – il se convertit à l'Église du Christ de Vancouver, représentation locale de l'Église internationale du Christ.

En France, les antennes de cette organisation ont été répertoriées comme des sectes dangereuses dans le rapport parlementaire des députés Alain Guest et Jacques Guyard. Rien de tel au Canada, où elles sont acceptées et reconnues comme des associations sans danger. Leurs procédés s'apparentent pourtant, en bien des points, à ceux d'une secte.

Mouvement religieux évangélique fondamentaliste, l'*International Christ Church* se caractérise par son intolérance et une pratique consommée de la manipulation mentale. La vie privée de ses membres est placée sous haute surveillance. Ils doivent rendre des comptes sur leur emploi du temps, sur leurs amis et les relations qu'ils entretiennent avec eux, sur le choix de leur conjoint, ou sur les faits et gestes de celui-ci s'ils sont déjà mariés. Un mentor les appelle obligatoirement deux fois par jour, au moins, et chaque membre est tenu d'écrire un rapport quotidien sur son comportement et le respect des principes qui lui sont recommandés.

Bref, une soumission totale et de tous les instants au gourou de la secte, Tom Kriedeman, qui se montre également très gourmand sur le plan financier. L'organisation prélève entre 10 et 25 % des revenus de tous ses adeptes, et ces sommes sont exclusivement affectées au fonctionnement de la communauté. Si Scott Grant a ouvert un cabinet de conseiller financier ce n'est, vraisemblablement, que pour capter et faire fructifier l'argent et les biens des membres d'ICC.

Sollicitée par son mari pour rejoindre, elle aussi, l'Église du Christ, Nathalie refuse catégoriquement. Sa vie et celle de ses enfants deviennent alors un enfer. Scott consacre le plus clair de son temps aux études bibliques et au prosélytisme. Il se comporte en véritable intégriste, imposant à sa famille obligations et interdictions. Toute sortie est interdite à Nathalie, qui est consignée chez elle. Alors qu'elle prépare un doctorat en sciences du langage, son mari s'oppose à la poursuite de ses études et l'empêche de travailler par un harcèlement incessant. Il lui confisque aussi son argent et elle comprend vite qu'il cherche à détourner son patrimoine familial. La maison du couple est envahie en permanence par des membres du mouvement qui s'y réunissent pour d'interminables travaux philosophico-religieux.

Le gourou de la secte, que Scott appelle son « berger spirituel », est omniprésent dans le quotidien des Grant. Il téléphone à tout propos à Nathalie, s'enquérant sans pudeur des détails les plus intimes de sa vie privée.

Par ses cris, sa violence, son autoritarisme, Scott fait régner la terreur dans son foyer. Ses enfants souffrent beaucoup de la situation, leur état mental se détériore et, très vite, ils donnent des signes inquiétants de déséquilibre sur le plan psychologique. Jusque-là sans problème, Maximilien se retrouve brusquement en échec scolaire, pendant que sa sœur entretient avec Scott une relation ambiguë qui la perturbe et que les psychologues qualifient « d'inceste émotionnel ».

Accusée « d'incroyance » par son mari, Nathalie devient pour lui une ennemie qu'il faut détruire par tous les moyens. Sans cesse insultée, frappée, en août 2000 elle n'en peut plus et entame une procédure de séparation.

Le 8 août, les époux établissent devant un juge un protocole d'accord organisant cette séparation. Celui-ci prévoit que la garde des enfants et l'autorité parentale demeurent conjointes, que la résidence habituelle des enfants est fixée chez leur mère, mais que ceux-ci ne peuvent être déplacés de Vancouver par l'un des parents sans le consentement de l'autre.

Pour l'heure, Nathalie et Scott vivent toujours ensemble, mais la vie en commun devient de moins en moins tolérable. Nathalie fuit alors le domicile conjugal, cela afin de se réfugier dans un foyer pour femmes battues. Les enfants restent provisoirement chez leur père.

Dans le foyer qu'elle a rejoint, la jeune femme retrouve un peu de paix, de calme et de sérénité, et peut terminer ses études. En septembre 2000, alors qu'elle n'a plus qu'à faire valider sa thèse de doctorat, elle est nommée vice-présidente de l'association canadienne en linguistique appliquée, et en mai 2001 elle obtient un poste d'enseignante à l'université Victoria. Sa situation s'améliore. En revanche, celle de ses enfants, restés avec leur père, ne cesse de se dégrader.

Totalement accaparé par la secte, Scott Grant se désintéresse totalement de l'éducation de Maximilien et Joséphine, abandonnés aux membres de l'Église du Christ qui les endoctrinent et s'approprient de plus en plus le domicile familial.

Nathalie cherche par tous les moyens à récupérer ses petits. Le 11 mai 2001, la Cour suprême de l'État canadien de la Colombie-Britannique confirme la procédure de séparation, avec garde conjointe, mais en ajoutant que l'autorisation de déplacement des enfants peut être également donnée par ordonnance. C'est-à-dire que Nathalie peut se passer de l'accord du père.

Elle saute sur l'occasion et, le 13 juin, elle est autorisée à se rendre au mois de juillet dans sa famille, en Ardèche, avec Maximilien et Joséphine.

Durant le séjour, le récit de ce qu'ont enduré les enfants la terrifie. Elle prend conscience de l'ampleur des dégâts mais retourne tout de même au Canada, car c'est là-bas qu'elle construit sa vie et c'est là-bas qu'elle compte bien obtenir la garde exclusive de ses petits.

Mais, en attendant une décision de justice qu'elle imagine favorable dès son retour à Vancouver, elle doit confier à nouveau les enfants à leur père et ceux-ci sont immédiatement repris en main par la secte. Nathalie est de plus en plus inquiète pour leur avenir. Cette fois elle s'interroge vraiment sur les décisions à prendre. Il y a urgence, et elle décide alors de s'installer définitivement en Ardèche.

27 août 2001 : la fuite

Dans un premier temps, Nathalie demande aux autorités canadiennes une autorisation de séjour prolongé en France avec ses enfants, mais sa demande est rejetée par une ordonnance du 24 août 2001.

Nathalie prend alors contact avec le vice-consul de France à Vancouver. Elle lui expose la situation et lui confie ses craintes. Le diplomate n'hésite pas une seconde : autorisation ou pas, il lui conseille de rentrer en France avec Maximilien et Joséphine et d'y rester sans autre forme de procès. C'est, à ses yeux, la meilleure solution. En tout cas la plus efficace.

Nathalie en convient et elle organise immédiatement le rapatriement. Le 27 août, elle récupère Maximilien et Joséphine – sans rien dévoiler de ses intentions – et file quelques heures plus tard vers l'aéroport, direction la France.

*
**

Lorsqu'il découvre la disparition de ses enfants, Scott Grant entre dans une rage folle. Il dépose immédiatement une plainte devant les tribunaux canadiens et confie ses intérêts à un avocat de renom, particulièrement virulent.

L'affaire ne traîne pas : le 6 septembre, de façon surprenante (« choquante, et sans aucun respect du contradictoire », noteront des avocats) la Cour suprême de Colombie-Britannique attribue provisoirement la garde et la tutelle des enfants au père, et ordonne leur retour sur le territoire canadien.

Cette décision ne préoccupe pas trop Nathalie, dans la mesure où Maximilien et Joséphine sont maintenant à l'abri en Ardèche. Mais à Vancouver, la justice s'emballe. Nathalie est aussi poursuivie par une juge, Mme Garson, pour parjure et outrage à magistrat, parce qu'elle est passée outre à la décision de justice. Un mandat d'arrêt international est délivré contre elle. Si elle retourne au Canada, elle sera immédiatement arrêtée et incarcérée. Elle n'en a pas l'intention, et son ex-mari en est bien convaincu. Aussi, au mois de décembre, tente-t-il un coup de force pour récupérer ses enfants en se passant de la justice.

15 décembre 2001 : la tentative de rapt

Il fait froid au hameau du Bouchat, à Satillieu, en ce 15 décembre 2001. La journée commence mal. Les enfants de Nathalie ont traîné, ils ont pris tant de retard qu'ils ont fini par manquer le car de ramassage scolaire. Leur mère doit les conduire en voiture à l'école du bourg.

Quelques minutes plus tard, en arrivant devant l'établissement, Nathalie remarque une auto rouge. Instinctivement, ses sens se mettent en alerte. La présence de ce véhicule, stationnant en ce lieu à cette heure, lui paraît anormale, elle pressent un danger. Stoppant net, elle détaille attentivement la voiture. Elle distingue alors trois hommes à l'intérieur. Parmi eux elle reconnaît son mari, puis aperçoit le « berger spirituel » de celui-ci, Tom Kriedeman. Il ne fait aucun doute que l'inconnu qui les accompagne est un comparse de la secte, et que le trio est venu récupérer les enfants par la force.

Nathalie file aussitôt prévenir les gendarmes, qui interpellent peu après les trois hommes. Ceux-ci sont brièvement entendus puis remis en liberté. Rien ne s'oppose à ce qu'un père puisse rencontrer ses enfants... Mais entre-temps, Maximilien et Joséphine ont été placés en lieu sûr. Un coup de pouce du destin a fait échouer l'enlèvement. S'ils avaient emprunté l'autocar, comme chaque jour, c'en eût été fini de l'Ardèche pour eux ; ils repartaient le soir même pour le Canada.

L'alerte a été chaude et aussitôt tout le village s'organise autour de Nathalie afin de protéger le garçon et la fillette. Un colonel en retraite prend les opérations en main. Il installe une garde rapprochée. L'école est surveillée en permanence par des volontaires qui se relaient pour accompagner Maximilien et Joséphine dans leurs moindres déplacements. Les consignes sont claires : ils ne doivent jamais être laissés seuls.

Cet incident donne à Nathalie une idée de ce qui l'attend. Elle va devoir batailler dur pour protéger ses enfants. Son mari ne lui épargnera rien. Elle le sait.

2002-2006 : la bataille juridique

Dès le retour de Scott Grant au Canada, après son expédition en France, son avocat lance une nouvelle offensive, beaucoup plus classique toutefois. Il en appelle à la Convention de La Haye pour faire reconnaître les droits du père et obtenir le retour des enfants. L'État français est soumis à ce traité international, il doit le faire respecter et se plier à ses décisions. Moyennant quoi les tribunaux français sont saisis de l'affaire.

Le 31 janvier 2002, sur assignation du procureur de la République, le juge aux affaires familiales du tribunal de grande instance de Privas ouvre une instruction, mais calme le jeu. Il se donne du temps avant de statuer sur le retour ou non des enfants au Canada.

Le 19 décembre 2002, dans son jugement, le tribunal se montre tout aussi réservé. Il offre même une piste pour dénouer la crise en ordonnant de confier le dossier à la Mamif.

La Mamif, Mission d'aide à la médiation internationale pour les familles, est un organisme international créé, précisément, pour régler les conflits familiaux entre parents de nationalités différentes. En pratique, on propose aux adversaires de confier leur dossier à deux médiateurs de leurs pays respectifs, qui vont essayer de résoudre le problème à leur place.

Dans l'affaire Grant-Gettliffe, le tribunal de Privas choisit donc cette solution et décide d'attendre le résultat de la médiation avant de se prononcer sur le sort des enfants.

*
**

Journaliste, c'est à cette époque que je rencontre Nathalie, en « couvrant » son affaire pour le compte de mon journal.

Toute timide, elle vient me présenter les pièces de son dossier au bureau du *Dauphiné libéré* où je travaille, à Annonay. Ayant par le passé beaucoup enquêté sur les sectes, je découvre avec effroi que la jeune femme va devoir se frotter en justice à l'une des plus redoutables, tant au Canada qu'en France. Devenu trésorier d'ICC en Colombie-Britannique, son ex-mari est passé maître dans l'art de manipuler les magistrats et les différents acteurs du dossier.

En examinant, jour après jour, les centaines de pièces produites par Nathalie, je revis avec horreur l'affaire de l'Ordre du temple solaire (OTS), cette organisation qui avait perpétré son premier massacre d'adeptes au Canada, en 1994, avant de se manifester en France. Malgré cela, le Canada ne considère toujours pas l'OTS comme une secte. Que lui faut-il de plus ?

Furieux, j'apporte donc tout mon soutien à Nathalie qui, au fil des semaines, me considère de plus en plus comme « le bouclier » – c'est le terme qu'elle emploie – capable de protéger ses enfants. Des liens se tissent et d'amicaux ils deviennent affectifs. Chacun apprécie la sincérité et l'honnêteté de l'autre.

À cette époque, je persuade Nathalie de changer d'avocat et de confier son dossier à un homme de cœur, Maître Dominique Chambon, qui déploie dès lors, et à titre bénévole, une énergie de tous les instants pour « une cause morale et juste », selon son expression.

*
**

Dans un premier temps, Scott Grant accepte le principe de la médiation. Deux femmes sont alors désignées pour étudier le dossier : Pamela Jeffrey, à Vancouver, et Marianne Souquet, à Aix-en-Provence.

Hélas ! c'est trop beau. Peu après, le père des enfants se rétracte. Il dénonce la médiation et refuse de venir en France pour signer le moindre protocole d'accord, sous prétexte que le billet d'avion est trop onéreux.

Le tribunal de Privas prend acte de cet échec et cette fois, faute d'entente amiable, les juges doivent trancher. Le 23 février 2004, le jugement tombe. La loi l'emporte sur l'affectif : les magistrats ordonnent le retour des enfants au Canada.

Leur mère fait aussitôt appel mais, le 20 juillet 2004, la cour d'appel de Nîmes confirme la décision. Un ultime recours en cassation est rejeté lui aussi.

Malgré ces désaveux, Nathalie persiste dans sa décision, estimant que pour leur bien et leur sécurité ses enfants doivent absolument rester en France, quoi qu'en disent les juges. Pour preuve, elle fournit deux certificats médicaux adressés au juge des enfants de Privas. Le premier, concernant Maximilien, est émis quelques jours après la décision de la cour d'appel et signé du Dr Franz Zyka. Voici ce que le médecin constate :

« L'enfant Maximilien Grant [...] m'a été amené en consultation par sa maman pour une souffrance morale importante avec des traces d'automutilation, principalement une coupure qu'il s'est infligée à lui-même au niveau du bras droit. Cet événement s'est déroulé lors d'un séjour dans une colonie et la maman a constaté la lésion vingt-quatre heures après le retour de l'enfant au domicile.

» Maximilien me confirme que c'est lui qui, intentionnellement, se serait coupé avec un couteau. Il existe une estafilade de 5 cm de long, peu profonde, associée à une ecchymose. Le comportement de Maximilien est, par ailleurs, relativement inquiétant, avec une certaine indifférence au monde qui l'entoure, une banalisation de toutes choses, des possibilités de fugue avec une inconscience du danger. Tout ceci traduit un grand désemparement face au monde des adultes dans lequel se retrouve l'enfant.

» La situation et le danger que représente pour lui un retour au Canada entraînent une mise en danger de cet enfant.

» Merci de tenir compte de ce signalement. J'insiste sur l'importance et la nécessité d'un suivi psychologique de cet enfant, pour lequel on pourrait craindre une certaine déviance, notamment du point de vue social. »

Le second certificat, signé du Dr Claire Bony, fait mention des deux enfants. En voici un extrait.

« Joséphine Grant a été hospitalisée quelques heures dans mon service pour une première crise d'angoisse traduisant une souffrance psychologique extrêmement grande dans un contexte de séparation des parents [...]. La maman décrit son fils aîné comme étant également très perturbé sur le plan psychologique. Elle décrit des fugues où l'enfant part dans la rue, inconscient du danger.

» Joséphine a d'autres façons d'exprimer cette souffrance qui est, de toute façon, manifeste. [...]

» Joséphine me dit "ne pas vouloir aller au Canada, et souhaiter rester avec sa mère en France". Ses propos ne semblent pas manipulés par l'influence de la mère.

» Devant cette situation familiale douloureuse, je souhaite signaler à la justice française mes inquiétudes médicales quant à l'équilibre psychologique des enfants, et à leur santé plus globalement, s'ils devaient retourner au Canada (même si le risque vital ne paraît pas imminent, il existe cependant, de fait, de la détresse psychologique majeure).

» J'insiste également sur l'importance d'un suivi psychologique et, mieux, pédo-psychiatrique, quel que soit le lieu de domicile des enfants. »

Ces signaux d'alarme ne servent à rien.

*
**

La situation est bloquée en France, mais la procédure évolue au Canada, où les avocats de Nathalie continuent à se battre. Le dossier, après bien des péripéties, est remonté jusqu'à la cour suprême de Colombie-Britannique et, le 13 septembre 2004, coup de tonnerre : cette juridiction annule l'ordonnance du 6 septembre 2001 qui a confié la résidence principale des enfants au père et révoque, annule et lève le mandat d'arrêt émis contre Nathalie Gettliffe, ce qui change totalement la donne.

Tout est à refaire, on repart de zéro. Il faut, à nouveau, se mettre d'accord sur la garde des enfants et leur lieu de résidence, mais leur père n'a plus l'avantage, cette fois il va bien falloir qu'il négocie.

Contraint et forcé, Scott Grant accepte alors la médiation des deux négociatrices de la Mamif,

Pamela Jeffrey, à Vancouver, et Marianne Souquet, à Aix-en-Provence.

Ces deux femmes progressent à petits pas et, en mai 2005, un protocole d'accord se dessine. Scott Grant vient alors passer quelques jours en France en juin, afin de voir son fils et sa fille qui vivent désormais dans la maison où Nathalie et moi nous sommes installés, à Saint-Alban-d'Ay, près de Satillieu. Sa venue permettra de discuter des termes de la médiation.

Le 23 juillet, Nathalie met au monde notre premier enfant : Jean-Philippe.

Au début de l'année 2006, le protocole est prêt et les deux parties s'en disent satisfaites. Maximilien et Joséphine resteront au domicile de leur mère, mais leur père conserve un droit de visite et pourra leur téléphoner et les recevoir au Canada.

Reste à finaliser cette conciliation et, pour cela, Nathalie doit se rendre au Canada.

Prudente, elle s'entoure de toutes les garanties. Après que Scott Grant lui a adressé un protocole d'accord dûment signé, transmis par l'ambassade du Canada à Paris, les deux médiatrices lui assurent qu'elle peut partir pour Vancouver sans danger, que tout est rentré dans l'ordre et qu'elle ne sera pas arrêtée, vu la décision de la Cour suprême du 13 septembre 2004.

Le départ est fixé au 10 avril. Scott a demandé à son ex-épouse de venir avec les enfants mais Nathalie n'en fait rien, le danger lui paraît trop grand. En revanche, ma compagne va profiter de ce voyage au Canada pour régler quelques problèmes administratifs qui restent en suspens, et rencontrer son professeur d'université afin qu'il valide son doctorat. Toutes ces histoires d'enfants l'ont empêchée de soutenir sa thèse. Elle compte le faire à cette occasion.

La page semble enfin tournée.

Vancouver avril 2006 : l'incarcération

Lorsque l'avion se pose sur la piste de Vancouver, en fin de soirée, Nathalie réprime une bouffée d'angoisse. Elle tente de se rassurer : son mandat d'arrêt a été levé, Scott a accepté les conditions de la conciliation, donc tout ira bien. Une simple signature, une visite à la famille et à son professeur, et elle rentre en France, laissant toutes ces années de galère derrière elle.

La réalité est tout autre.

Dès qu'elle se présente au poste de douane, Nathalie est arrêtée et menottée par une fonctionnaire pendant que des policiers se lancent à la recherche de ses enfants, persuadés qu'ils ont voyagé avec elle. Ils doivent vite se rendre à l'évidence : Maximilien et Joséphine ne sont pas là.

Le passeport et le billet d'avion retour de Nathalie lui sont confisqués, de même que son téléphone portable. Avant de s'en saisir, la douanière accepte juste que ma compagne appelle le consulat de France.

Évidemment, Nathalie proteste et s'indigne de cette arrestation, certifiant que le mandat d'arrêt lancé contre elle a été levé et qu'elle peut le prouver. Pour le vérifier, la fonctionnaire des douanes finit par accepter de téléphoner elle-même au consulat de France, qui m'informe alors de la situation. Je faxe immédiatement copie de la décision de la Cour suprême à la vice-consul, Mme Mas. Il est minuit lorsque le document arrive et la diplomate rechigne à quitter son domicile pour venir jusqu'à ses bureaux. Elle n'arrivera qu'à 3 h 30 du matin et la bonne foi de Nathalie sera enfin reconnue. Mon amie sera alors libérée et se rendra chez des amis, Thierry et Audrey, laissant le soin à une attachée diplomatique du consulat, Cécile Walck, de suivre l'évolution de l'affaire. Car les policiers restent en possession du passeport et du billet d'avion. Trente-six heures plus tard, l'un d'eux affirme à Cécile Walck que tout est en ordre et que Nathalie peut passer récupérer ses documents, l'affaire étant close.

C'est faux. Entre-temps, grâce à l'intervention d'un haut magistrat, Mike Luchenko, *General Attorney* (procureur général) et, je l'ai dit, compagnon de Faye Grant, la mère de Scott Grant, un nouveau mandat d'arrêt a été délivré à la hâte. Le piège se referme sur Nathalie. Elle est incarcérée à Surrey.

Son cauchemar commence. C'est ce qu'elle me raconte, cinq semaines après son incarcération, dans une longue lettre.

Surrey, le 17 mai 2006

Cher Francis,

D'après ce que j'ai pu comprendre tu souhaites connaître un peu mieux mes conditions carcérales. Je vais essayer de résumer un peu ce qui se passe depuis cinq semaines et surtout ce que je subis.

Tout d'abord mon arrestation aux douanes a été faite par une douanière qui m'a orientée rapidement vers le consulat et un avocat. Ensuite, j'ai attendu quatre heures (vers minuit) pour qu'un policier vienne m'emmener au poste de Richmond. La douane attendait le fax de Mme Mas mais celle-ci ne voulait pas se déplacer au consulat pour recevoir ton fax (elle ne possède pas de fax chez elle). Arrivée à la brigade de Richmond, j'ai été placée dans une cellule de garde à vue avec un tapis de sol sur lequel je pouvais dormir, sauf que la lumière restait allumée. Tu imagines le choc, après dix-neuf heures de voyage ! J'ai été sortie deux fois de ma cellule entre minuit et 3 h 30 du matin pour parler à Mme Mas qui finalement avait accepté de se lever pour recevoir le fax sur la levée du mandat d'arrêt. Vers 3 h 30 j'ai été remise en liberté et mon ami Thierry est venu me chercher à la brigade. L'adjudant Maure, qui parlait français, m'a relâchée en disant que le mandat d'arrêt était levé. Il me demandait tout de même de recontacter le consulat le matin et de leur demander de s'assurer que tout était clair du côté du parquet, qu'on appelle ici la Couronne. Le consulat a donc téléphoné et n'a obtenu aucune réponse.

La brigade de gendarmerie du secteur avait repris mon dossier en main car apparemment il était prévu qu'on m'arrête lors de la soutenance de ma thèse le mercredi 12 avril. L'adjudant Chohan avait donc en sa possession mon passeport ainsi que mon billet d'avion. Chohan a téléphoné chez Thierry, et Audrey a répondu au téléphone. Il lui a dit qu'il fallait que je vienne chercher mon passeport et mon billet d'avion, que tout était réglé. Il présentait toutes ses excuses et encourageait Audrey à ce que je le contacte même s'il n'était pas de permanence ce jour-là à la brigade. Audrey m'a téléphoné sur le portable que Thierry venait de me prêter vers midi. J'ai ensuite téléphoné au consulat qui m'a informée que la Couronne n'avait pas répondu à leur coup de téléphone du matin demandant si les poursuites en mon encontre étaient levées. J'ai alors demandé au consulat de téléphoner à Chohan, ce qui a été fait. Cécile Walck m'a rapporté les mêmes paroles qu'Audrey : le policier s'excusait et je pouvais venir chercher en toute sécurité passeport et billet d'avion. J'ai demandé au consulat de m'accompagner à la brigade. Cécile Walck et le chauffeur sont entrés vers 16 heures à la brigade de gendarmerie. Chohan est arrivé et m'a mis les menottes. Il m'a montré un mandat d'arrêt que je n'ai pas pu lire. J'ai répété que je ne comprenais pas ce qui m'était reproché. Je me suis effondrée et j'ai demandé à voir d'urgence un médecin, ce que je comptais déjà faire après avoir récupéré mon passeport car je n'avais pas senti le bébé bouger depuis minuit.

Chohan et un compatriote m'ont amenée à l'hôpital de Richmond. J'ai vu d'abord une infirmière qui a vérifié que j'étais bien enceinte par un test d'urine. Ensuite, j'ai vu une médecin québécoise qui a écouté le cœur du bébé et qui m'a fait un examen vaginal pour s'assurer que le col était fermé. J'avais des crampes/contractions en bas du ventre mais, bien qu'elle ne puisse pas me dire de quoi il s'agissait, elle m'a laissée repartir avec les gendarmes à la brigade de Richmond.

De nouveau, j'ai été mise dans une cellule avec petit tapis de sol et pleine lumière pour la nuit, deux sand-

wichs et un jus de pomme. Je ne sentais toujours pas le bébé bouger. Le matin, j'ai vu vers 9 heures l'avocat de service à la cour qui m'a dit qu'il serait préférable d'avoir un avocat de pointure pour faire une demande de remise en liberté provisoire. J'ai été ensuite transférée au centre de détention de Surrey. Je n'avais aucune idée de ce qui se passait car je ne pouvais avoir de contact avec personne. Arrivée à Surrey avec des menottes aux mains et aux pieds, j'ai dû attendre deux heures dans une cellule crasseuse. Ensuite, on m'a demandé de me déshabiller complètement, de me pencher en avant et d'écarter mes fesses pour vérifier que je n'avais pas de drogue. On m'a ensuite fourni des habits de prison et j'ai pu monter dans un appartement avec six cellules. Dans ma cellule, il y avait une personne qui dormait en bas. J'ai donc dû prendre le lit du haut, bien qu'étant enceinte, avec un seul marchepied de dix centimètres de large pour monter et descendre. Encore sous le choc de l'arrestation, j'ai essayé de dormir malgré une codétenue qui a regardé la télé toute la nuit. Le jour, la télé était toujours en marche et j'avais du mal à me reposer ne serait-ce que pour rattraper le décalage horaire.

Le lendemain matin, je suis repartie de Surrey à Richmond vers 7 h 30 du matin, de nouveau menottée aux pieds et aux mains, dans un panier à salade qui secoue pour une trentaine de kilomètres. J'ai pu parler quelques minutes à l'avocate choisie par le consulat. Elle a demandé à la cour de reporter l'audience au mercredi d'après afin qu'elle puisse se préparer. Dans l'auditoire, j'ai pu voir Scott et sa mère. Ils paraissaient très satisfaits d'eux-mêmes. En fin d'après-midi, j'ai pu rentrer au centre de détention de Surrey. J'ai pu lire le journal et pour la première fois comprendre un peu ce qui m'arrivait, qui était derrière pour tirer les ficelles (Scott, sa mère, le copain de sa mère Mike Luchenko qui venait le matin même d'être démis de mon dossier pour être remplacé par une avocate dans le privé).

Cela faisait quatre jours que j'étais ballottée d'un côté et de l'autre sans savoir de quoi il retournait. J'ai passé des heures à pleurer, à avoir peur, à me demander ce qu'on allait me faire. Les gardes, les policiers pensent que je suis une des « régulières », une délinquante ordinaire, et on ne m'explique rien du tout. À partir du vendredi 14, j'ai pu commencer à prendre mes marques dans le centre de détention de Surrey et à découvrir en partie le fonctionnement de ce lieu.

Tout d'abord, c'est un lieu de détention pour les personnes qui attendent leur procès. Je suis donc entourée d'innocentes ! Mon appartement est un appartement pour les primo-arrivants, c'est-à-dire que les personnes qui ont été ramassées, arrêtées le jour d'avant, sont mises dans mon appartement qui contient six cellules avec deux lits (total = douze). Cela a plusieurs implications : premièrement, les personnes qui arrivent sont malades, dans 90 % des cas ce sont des droguées. Elles sont donc sous le choc de ne plus avoir de drogue. Elles vomissent, elles hallucinent, elles tiennent à peine debout. Si elles ne dorment pas, elles sont nerveuses et prêtes à enchaîner les coups de poing pour un rien. La plupart des prisonnières restent en moyenne deux à trois jours quand elles sont au plus bas. Le risque de maladie est donc très important ; le risque de violences tout aussi élevé. Je suis sur le qui-vive constamment.

L'autre jour, une des prisonnières a fait une crise d'épilepsie : il a fallu attendre un quart d'heure avant qu'une infirmière arrive. Mieux vaut ne pas avoir d'urgence... Une autre fille est tombée de son lit le matin et s'est écrasée contre le sol. Elle est quand même descendue en cour de justice avec du sang plein la figure. Une autre fois, une prisonnière a été mise en quarantaine car elle avait une infection au bras qui se propageait sur tout le corps. Il a fallu désinfecter tout l'appartement. La fille qui partage ma cellule a été victime d'un empoisonnement. Elle a vomi pendant deux heures avant de recevoir une piqûre pour arrêter de vomir... Je n'ose plus manger les demi-sandwichs qui me sont proposés dans le cadre de ma grossesse. D'abord c'est souvent du pain avec du saucisson italien (Boloni), et en plus c'est avec un de ces sandwichs que ma colocataire est tombée malade. Je suis peut-être un peu parano mais la mère de Scott travaillait dans le centre de détention de Surrey. Les demi-sandwichs étant la seule nourriture portant mon nom, il serait facile de m'empoisonner.

Évidemment, comme les prisonnières arrivent de la rue à notre appartement, les gardes pensent que ce sont elles qui apportent de la drogue dans nos cellules. Samedi dernier, nous avons été levées à 8 heures du matin (d'habitude on ne sort pas avant 10 heures), on a mis notre cellule sens dessus dessous, on a retiré nos draps et on nous a isolées une à une dans nos cellules pour nous déshabiller. On m'a demandé encore de me pencher en avant et d'écarter mes fesses puis de soulever mes seins. C'est humiliant à chaque fois, en plus du stress d'avoir les gardes qui aboient les ordres.

Pour ce qui est des violences physiques, je pense que mes lettres du 8 mai au consul de Vancouver et au directeur de la prison résument ce qui peut se passer ici.

Dans notre appartement, en plus des primo-arrivantes, nous avons aussi des filles qui ont reçu leur condamnation et qui ne sont pas transférées dans le centre de détention provinciale parce qu'elles sont trop violentes. Évidemment, le cocktail des deux populations est explosif. Les filles se bouffent le nez constamment et donc, quotidiennement, une des filles de l'appartement est soit enfermée dans sa cellule pendant vingt-trois heures d'affilée sans télé soit envoyée pendant plusieurs jours au trou avec pour uniques compagnons un stylo, du papier et des livres. Il est clair qu'elle ressort particulièrement énervée et que le cycle de violences continue. Tout ceci est exacerbé par l'attente des décisions de justice et les gardes qui crient d'un côté à l'autre.

Il y a aussi les filles perturbées psychologiquement, comme, par exemple, celle qui est en ce moment avec moi. Elle se réveille pendant la nuit et se met à crier. Elle descend en somnambule du lit du haut en marchant sur mes cheveux. Elle m'a dit s'être auparavant réveillée avec un couteau dans la main, prête à se couper les veines. Il est vraiment très difficile de se reposer, ne sachant pas ce que je pourrais éventuellement me ramasser dans la figure au milieu de la nuit.

J'ai peur pour l'enfant que je porte, par rapport à ma résistance et à sa résistance au stress. Les chocs psychologiques quotidiens s'accumulent. Je vais arriver au seuil fatidique du sixième mois, période pendant laquelle j'ai dû être hospitalisée pour chacune de mes grossesses. Étant donné la lenteur des interventions, je redoute le pire. J'ai demandé à voir le médecin pour la visite du cinquième mois et, une semaine plus tard, je n'ai toujours pas de réponse. Tout est lent et donc tout est angoissant. Il faut sans cesse observer pour essayer d'appréhender ce qui peut se passer par rapport à l'organisation du centre. Peu de choses sont écrites, ce qui permet à chaque garde d'abuser de son pouvoir.

Du côté communication, maintenant, c'est la catastrophe la plus complète. Malgré les pressions du consulat et de l'avocate sur la direction du centre de détention, j'ai eu le droit de téléphoner deux fois avec ma carte internationale, le 29 avril et le 6 mai, pendant cinq minutes à chaque fois. C'est catastrophique. Je suis complètement coupée des enfants puisque la première fois j'ai eu ma mère au téléphone et la seconde fois ma sœur. En plus, je ne peux pas parler des enfants au téléphone car tout est enregistré et envoyé à la Couronne. Si les enfants vont mal c'est de ma faute et si les enfants vont bien c'est que j'avais déjà préparé mon coup en les briefant avant de partir au Canada. Alors voilà, je ne sais pas comment ils vont. Je sais qu'ils me manquent beaucoup, que je me fais du souci pour eux. Jean-Philippe est petit, je l'allaitais encore un mois avant de partir. N'ayant pas travaillé depuis sa naissance, j'étais son point de repère et maintenant tout ceci est parti, tout est en attente. C'est difficile mais je ne peux pas m'effondrer car ce serait le pire pour tout le monde, surtout pour les enfants. Ici, je ne peux me confier à personne sur mes états d'âme. Je suis allée voir le psychologue lundi dernier pour lui faire part de ma douleur de ne pas pouvoir parler aux enfants. Il n'a rien fait. De toute façon, pourquoi s'attendre à mieux quand j'apprends que ce psychologue est une vieille connaissance de Faye Grant, la mère de Scott ? J'ai vraiment l'impression d'être paralysée. Il faut sans cesse que je refoule mes ressentis, mes sentiments, car je suis complètement seule.

J'ai eu quelques visites depuis que je suis arrivée à Surrey mais là encore il faut téléphoner au moins dix fois au poste de visite pour obtenir un rendez-vous. Pendant les moments de visite les conversations restent superficielles car tout est enregistré et envoyé à la Couronne. J'ai même eu la visite du policier qui m'a arrêtée. Il a fait trente kilomètres pour soi-disant me voir et s'assurer que j'allais bien. En fait, c'était pour savoir s'il pouvait obtenir des informations supplémentaires pour la Couronne. Encore des mensonges ! Ce genre de comportement me rend malade. J'ai l'impression de revivre les horreurs qui ont conduit à ma fuite du Canada. Harcèlement notamment de la partie adverse, coups bas, trahison, désintérêt total des autorités qui auraient dû protéger les enfants.

Les communications avec l'avocate sont aussi problématiques étant donné que nous passons de quinze à dix-huit heures enfermées dans nos cellules sans avoir accès au téléphone. À ceci, il faut rajouter une heure où nous sortons dehors, sur un terrain de basket, et toutes les fois où on nous enferme dans nos cellules parce qu'il y a une bagarre quelque part dans la prison. Pendant une semaine je n'ai pas pu téléphoner à l'avocate car un des managers de la prison avait fait une fausse manip en m'interdisant le numéro de l'avocate au lieu de le mettre sur une ligne sans écoute téléphonique. C'est vraiment très pratique quand on doit préparer une audience pour le 1er mai. Je n'ai accès à aucun document juridique ; je n'ai aucun compte rendu d'audience. Rien. Tout peut être saisi par les gardes ou lu par les prisonnières et il faut donc que je garde tout en tête. J'essaie de piloter l'avocate en pointant à travers une vitre les documents dont elle aurait besoin mais c'est très difficile quand je ne peux pas te parler et quand tous les documents sont en France. Évidemment, ceci handicape ma défense et ne me permet pas de me préparer correctement. Sachant que je dois rester en prison jusqu'au procès et que jusqu'à maintenant je n'ai pas pu te parler, je ne sais d'ailleurs pas comment tous les documents seront transmis à l'avocate. Étant donné que nous avons déménagé il y a presque un an, certains papiers sont encore dans les cartons et bonjour pour les retrouver sans être sur place.

Bref, c'est la merde la plus totale. Être en prison est dangereux, avilissant, frustrant, décourageant.

Alors être enceinte en prison avec des enfants orphelins hors des murs, ce n'en est que plus déprimant et angoissant, surtout quand on sait que la partie adverse demande et obtient le maintien en prison avant le procès, voire des années de prison si je suis jugée coupable. Je me console en me disant que mon sort est meilleur que celui des otages ou des prisonniers des camps de concentration car je sais qu'un jour je recouvrerai la liberté. Pour l'instant, j'ignore encore quand. Et ma détention n'a que des conséquences négatives sur la résolution éventuelle du nœud du problème : la protection des enfants. Le monde des adultes est vraiment un monde de fous.

Voilà, j'espère t'avoir donné un aperçu de ce que je vis tous les jours dans cet asile maquillé en prison.

Je vous embrasse tous très fort.

Garde les difficultés de ma détention en dehors des enfants. Je ne tiens pas à ce qu'ils sachent combien je peux souffrir. Je préfère leur envoyer des lettres avec des leçons de vie de ce que je vois en prison. Ce sera plus porteur pour eux.

Rappelle-toi du film La vie est belle. *Laisse aux enfants un peu d'espoir et de poésie.*

Nathalie

*
**

Dans cette tardive lettre fleuve, Nathalie détaille pour la première fois les circonstances de son arrestation. Mais elle dépeint aussi les ignobles conditions de sa détention.

Ce n'est pas un hasard si elle a été placée par les autorités de Colombie-Britannique dans la prison de Surrey, la plus dure de la province. Faye Grant, son ex-belle-mère, a travaillé là comme cadre pénitentiaire pendant de longues années. Elle y a conservé de solides amitiés auxquelles elle ne manque pas de « recommander » Nathalie. Que la jeune femme soit enceinte indiffère totalement médecins et personnels, alors que les risques d'accident, je le répète, sont évidents.

Pour tout arranger, dès le début de cette affaire, le consulat de France a traîné les pieds, ce qui a affaibli Nathalie et montré aux Canadiens le peu d'intérêt que l'État français portait au cas Gettliffe.

Scott Grant, quant à lui, semble se réjouir des souffrances physiques et morales de son ex-épouse. Pourtant, sitôt avertis de l'emprisonnement de leur maman, Maximilien et Joséphine ont écrit à leur père pour lui faire part de leur désarroi, de leur peine et de leur incompréhension.

11 avril 2006

Lettre à mon père,

Tu pensse que tu me fait du bien qu'en tu met ma mère en prison ? Je pleure tous les soires parque ma maman est pas là est ça fait bientôt 5 ans que je vie en France est je me suis adapté en France et je reviendrais plus au Canada tu sait que je ne parle plus l'anglais et je ne peux pas communiquer avec toi et grand-ma et les cousins est je né plus envi.

Maximilien

Lettre à mon père,

Arrête de nous embêter. Pour moi c'est terrible de savoir que ma mère est en prison. Tu te rend pas conte de ce que tu fais. Je me plais ici en France. J'ai pleins de copains à l'école. Tu oublies que j'ai un petit frère et bientôt un autre et de la famille.

Est-ce que tu penses que je vais te pardonné ?

Joséphine

12 avril

Lettre à mon père

Tu n'as pas l'air de nous aimer pour nous faire subir comme nous subissons mais maintenant on va pas se laisser faire. Je ne serai jamais heureuse avec toi, loin de ma mère, mon petit frère et toute ma famille.

Cette vie est : GAVANTE, PAS DU TOUT MARRANTE ET ÉNERVANTE

Joséphine

LETTRES DE PRISON

Ce qu'elle craignait est arrivé. Nathalie est incarcérée. Dans ses trois premières lettres, à ses enfants et à moi-même elle tente de relativiser les faits, invite les siens à rester plus que jamais unis et à se préparer à un long et difficile combat.

*
**

Surrey, le 13 avril 2006

Cher Francis et cavalier de mon cœur,

Eh bien voilà, me voilà où j'avais peur de finir, en prison. Enfin, il y a pire ! Quelques jours ou même quelques mois en prison sont plus faciles à supporter que les années que j'ai pu passer avec Scott. Ça c'était vraiment l'enfer.

Je pense souvent à toi et à Jean-Philippe, notre petit de neuf mois maintenant. J'espère que tu arrives à t'en sortir. Ne te fais pas de souci pour moi. Savoir que tu te bats de ton côté me suffit. Je te sens près de moi. Je t'imagine me caressant. Je vais tenter de résoudre tout ceci et ton aide me sera précieuse.

Prends soin de tous. Je sais que c'est difficile et que tout le monde va être fragilisé. Pense à moi lorsque tu te sens faiblir. Sois doux avec toi-même et les enfants. Je te promets plein de tendresse lors de mon retour. Je te promets aussi de finir de nettoyer le jardin de ses mauvaises herbes ! Certaines personnes vont se réveiller avec sursaut car je pense que le canon de 12 va être utilisé.

Fais plein de bisous à Jean-Philippe. Je vous aime tous les deux à la folie. Vous me manquez.

À bientôt.

Nathalie

Surrey, le 13 avril 2006

Chère Joséphine,

Tu me manques beaucoup et je t'aime très fort. J'espère que tu as passé un bon week-end de Pâques et trouvé de beaux œufs en chocolat.

Je suis vraiment désolée de ce qui se passe en ce moment. Je vais me battre pour que les choses avancent vite. Ici, en prison, ce n'est pas si mal. Alors ne vous faites pas de souci pour moi. Je t'aime vraiment beaucoup et c'est pour cela que je vais m'en sortir pour vous revoir dès que possible.

Sois forte et ne te bats pas contre ton frère, Francis

ou tes amis. Il faut qu'on reste ensemble et qu'on s'en sorte ensemble.

Tu es très précieuse et j'ai hâte de te revoir. Travaille fort à l'école et à la musique. Dis bonjour à notre chien Puchi pour moi.

Je te promets qu'après ma sortie de cette panade, on va se prévoir une super-fête, des super-vacances avec piscine et tout et tout.

Je t'aime. Bisous, bisous et à bientôt.

Maman

Surrey, le 13 avril 2006

Cher Maximilien,

Comment vas-tu ? J'espère que tu as passé une bonne semaine sportive avec tes amis. Je suis vraiment désolée pour ce qui est en train d'arriver. Rien n'était prévu.

Aujourd'hui, je suis en prison à Surrey mais les choses avancent et j'ai bon espoir. Ce n'est pas si mal, en fait. On est deux dans une petite chambre et on peut sortir voir d'autres filles dans une pièce centrale.

Je ne sais pas encore combien de temps je resterai en prison ou combien de temps je vais rester au Canada mais je vais vous tenir informés.

Je vous aime tous très fort. C'est encore une autre épreuve pour nous tous et il faut qu'on s'entraide très fort. Il ne faut pas se tirer dans les pattes et, si on s'aide, on va tous s'en sortir. Quand ce sera fini, je vous promets des super-vacances avec piscine et tout et tout. Je n'attends que ça.

Je t'aime très fort. Prends soin de toi, travaille bien à l'école. Je reste à côté de toi en pensées.

Maman

*
**

Nous rassurer, c'est le premier souci de Nathalie qui n'ose croire à une libération rapide et, en réalité, vit l'enfer en prison. Dans sa première lettre à sa mère, elle lui explique qu'elle attend la décision du juge qui doit statuer sur son sort. Elle ajoute une pensée pour un de ses voisins, un ami qui prendra bientôt une part active dans un comité de soutien. Nathalie ne lui écrit pas directement car le nombre de lettres autorisées est limité.

Surrey, le 14 avril 2006

Chère maman,

Eh bien me voilà de nouveau à Surrey comme au temps de mes premières amours, comme quoi les êtres humains sont des créatures d'habitude.

Je ne vais pas mal. Le bébé se porte bien. Je me fais plus de soucis pour vous, mais bon je ne peux pas faire grand-chose. J'attends mercredi avec impatience pour savoir si je peux sortir de prison ou non. Après j'aviserai sur ce qu'il faudrait faire.

Rien ne se passe comme prévu mais c'est une constante chez moi.

Ne te fais pas de souci pour moi.

Bises.

Nathalie

P-S : mes amitiés à Jean-Louis.

*
**

Toujours dans l'attente d'une décision de la justice quant à une éventuelle libération, qui devrait être rendue le 19 avril, Nathalie s'inquiète du quotidien de sa famille et appelle des amis en renfort. Six jours après son incarcération, elle prend du recul, découvre peu à peu le monde qui l'entoure et réalise qu'elle est tombée entre les griffes de son ex-belle-mère. Elle aimerait pouvoir nous téléphoner mais les autorités canadiennes l'en empêchent.

Surrey, le 18 avril 2006

Chers Robert, Monique et Philippe,

J'espère que vous allez bien. De mon côté, je pense que Francis a dû vous dire où je me trouvais.

Ne vous faites pas de souci pour moi pour le moment. En revanche, je me fais du souci pour Francis. À ce jour, je n'ai pas encore pu lui parler. J'espère qu'il tient le coup et que Jean-Philippe se porte bien.

Je vous écris pour vous demander de jeter un coup d'œil sur la maison, donner quelques encouragements à Francis. Je vous en remercie d'avance.

Je ne peux pas vous écrire très longuement. Ici, tout ce qui sort est vérifié, tout ce que je dis est enregistré. Je ne peux en fait parler librement qu'à l'avocate. J'attends de savoir si je peux sortir en attendant le procès. Je vous tiendrai informés mais surtout Francis avant moi vous le dira.

À bientôt.

Je vous embrasse.

Nathalie

Surrey, le 18 avril 2006

Cher Francis,

J'ai eu quelques nouvelles de toi via la télé aujourd'hui. Je n'ai pas vu le reportage mais apparemment sur CBC il y avait un reportage où tu apparaissais en disant que je vous manquais. J'ai bien eu tes messages par l'avocate, et aussi des nouvelles de notre petit Jean-Philippe. Fais-lui plein de bisous, mets un peu de mon parfum sur l'un de mes habits et fais-

le-lui sentir. Tu me manques. Pour le moment, je tiens le coup. J'aimerais pouvoir te parler mais pour le moment je n'ai pas une carte qui fonctionne correctement, tout est enregistré, lu et relu. Étant donné l'ennemi avec lequel il va falloir batailler, je suis obligée de tout garder pour moi. Je suis en prison dans un des centres où travaillait la mère de Scott : elle a donc des yeux et des oreilles partout. Malheureusement, c'est le seul centre à Vancouver qui me permette d'être près de l'avocate.

Ici, toutes les filles sont des droguées ; la moitié viennent de réserves indiennes mais au moins elles parlent et sont de bonne compagnie.

J'espère que les choses vont bouger dans le bon sens mais comme tu le sais je ne peux être sûre de rien.

Je vous aime tous beaucoup et je suis désolée pour tout le tracas que j'ai pu générer.

Bisous tout plein.

Nathalie

*
**

Alors qu'elle devait se prononcer le 19 avril sur une éventuelle libération, la justice canadienne a reporté sa décision au 1er mai. Nathalie pourrait quitter la prison moyennant une caution. C'est en tout cas la procédure engagée par son avocate. Ma compagne prend conscience que la justice canadienne ne la lâchera pas facilement et, dans une lettre qu'elle m'écrit, elle évoque pour la première fois une intervention diplomatique.

Surrey, le 20 avril 2006

Cher Francis,

Je n'ai pas encore pu t'avoir au téléphone. Ici, il est très difficile d'accomplir la moindre tâche sans se heurter à une difficulté quelconque. En plus, avec le long week-end du vendredi au lundi, cela n'arrange pas les choses. Je m'appuie donc sur l'avocate, le consulat et mon ami Thierry pour te faire passer des messages. J'espère qu'aujourd'hui je pourrai te téléphoner.

J'apprécie tout ce que tu fais du côté français, toutes les pressions que tu peux exercer. J'attends le 1er mai pour savoir si je vais pouvoir sortir ou non. Ensuite, il va falloir s'adapter. J'ai des plans plein ma tête mais, comme tu le sais, une bonne partie de mon pouvoir de décision m'a été enlevé. J'essaie d'être patiente et je me surprends à être assez calme, mais de nouveau je n'ai pas beaucoup de choix. Ici, tout est lu et écouté : il faut donc faire très attention à ne rien divulguer, même de ses sentiments. La seule personne qui n'est pas écoutée est l'avocate : c'est donc une bonne idée que de me faire passer des messages sensibles par fax chez elle. En revanche, passer par elle coûte beaucoup d'argent.

Pour le moment, j'espère qu'une solution diplomatique, politique et internationale pourra être trouvée. Autrement ce sera très long, très cher, avec un coût émotionnel très élevé surtout pour nos enfants. Chaque jour révèle un peu plus les détails du parchemin et les routes possibles.

Tu peux compter sur moi pour continuer à être honnête et à te révéler ce que je pense de la situation, des possibilités, ainsi que ce que je ressens. Je t'écrirai plus longuement après le 1er mai, date de ma demande de caution. J'ai confiance en l'avocate : elle couvre tous les aspects, du légal au médical. Elle n'opère pas seulement pour de l'argent mais elle croit en ce qu'elle fait et donne tout ce qu'elle a. Je crois qu'il faut la respecter et suivre ses conseils. Elle ne fait pas n'importe quoi.

Bien sûr, je ne pense pas que l'ennemi en face comprenne que la bataille puisse être longue ou qu'elle puisse se retourner contre lui. Je me suis toujours défendue quand on m'a attaquée et j'ai toujours refusé d'attaquer quand ce n'était pas dans l'intérêt des enfants, car toute attaque peut se retourner contre celui qui la lance.

Ce qui me porte ces derniers jours ce sont tes mots qui nous ont réunis : « Nathalie, je ne te lâcherai pas. » J'apprécie toute ton aide, surtout pour les enfants qui n'ont pas à endurer des conflits d'adultes.

Ici, je suis entourée de femmes qui ont abandonné leurs enfants à d'autres (services sociaux, famille) pour satisfaire leurs propres plaisirs. Les hommes les entourant ont fait de même. Or, ceci n'est pas punissable. Le monde est vraiment à l'envers.

Fais de gros mamours à Jean-Philippe. Je sais que tu prends soin de lui. Prends des moments pour te faire plaisir avec lui. On ne sait jamais quand les relations peuvent être interrompues par des éléments externes.

Bisous tout plein.

Nathalie

*
**

En France, je passe la vitesse supérieure et, avec l'aide de notre avocat d'Annonay, Maître Dominique Chambon, je relance la machine politique pour obtenir la libération de Nathalie. Journaliste au *Dauphiné*, je peux joindre les élus sans difficulté et je sollicite leur aide. Ainsi, mon ami de trente ans, le président du Sénat, Christian Poncelet, s'implique et multiplie les interventions auprès des plus hautes autorités françaises et canadiennes. Le président de l'UDF, François Bayrou, m'apporte également un soutien sans faille et demande à être tenu informé de l'évolution de la situation. Ancienne présidente de la région Rhône-Alpes, députée du Rhône, Anne-Marie Comparini attire, elle, l'attention du ministre des Affaires étrangères, Philippe Douste-Blazy, sur le cas de Nathalie Gettliffe et lui demande de donner des consignes aux représentants français au Canada afin qu'ils mettent tout en œuvre pour obtenir la libération de la jeune femme.

Le député-maire d'Annonay, Gérard Weber, en appelle, lui, au président de la République, cependant qu'une dépêche de l'AFP relate longuement l'affaire et souligne le danger que fait courir une incarcération à Nathalie et à l'enfant qu'elle porte.

De son côté, Jean-Louis Baert, président d'une association de soutien aux enfants de Nathalie qu'il a créée à Satillieu, en Ardèche, envoie une longue lettre à l'ambassadeur du Canada en France, dans laquelle il lui rappelle la genèse de l'affaire et le prie d'intervenir par les voies diplomatiques pour régler au mieux ce conflit.

Au onzième jour de détention pour Nathalie, le 21 avril 2006, son ex-mari, Scott Grant, et sa mère Faye orchestrent une violente campagne de presse contre elle et, pour la déstabiliser, ils tiennent à être physiquement présents chaque fois qu'elle comparaît devant ses juges dans le cadre de la procédure. Au Canada, ces audiences sont publiques.

L'attitude des Grant conduit Nathalie à écrire une lettre douloureuse à ses enfants. Elle doit leur préciser que leur père, et lui seul, est à l'origine de son arrestation. C'est un moment certainement très difficile pour elle. D'ailleurs, le même jour, elle confie à sa mère que je ne saisis peut-être pas toutes les subtilités de ses sentiments. Le moral est bas.

Surrey, le 21 avril 2006

Chers Maximilien et Joséphine,

Eh bien voilà, je suis toujours en prison et j'attends le 1er mai pour savoir si je vais être relâchée. Ensuite, on me dira s'il y a un procès ou non au Canada. Comme vous le savez peut-être, c'est Scott qui a dit aux autorités canadiennes que je venais soutenir ma thèse et qui a fait en sorte que je sois arrêtée. Il tient toujours à ce que vous veniez habiter avec lui. Grand-ma et Grand-pa étaient aussi à la cour de justice pour soutenir Scott dans ses actions contre moi.

Je regrette vraiment tout ce qui arrive en ce moment. J'ai fait confiance aux médiatrices pour établir un accord de garde qui vous convienne à vous en premier lieu. Le mandat d'arrêt contre moi était levé mais Scott a demandé qu'un autre soit lancé.

Dépendamment de ce qui se passe le 1er mai, je prendrai des décisions vous concernant mais, comme d'habitude, je vous demanderai votre avis.

Tenez bon. Soutenez-vous et sachez que je pense souvent à vous. Tous ces problèmes auront un jour une fin et puis il y en aura d'autres moins éprouvants j'espère. Tout ceci fait partie de la vie. Continuez à vivre parce qu'on ne sait jamais quand une « merde » vous tombe dessus.

Bisous à tous les deux.

Maman

Surrey, le 21 avril 2006

Chère maman et Jean-Louis,

Voilà dix jours que je suis dans ce centre de détention entourée de femmes qui se droguaient, buvaient, volaient, etc. C'est une autre culture que je n'imaginais pas. Je suis aussi entourée d'Amérindiennes (plus de la moitié de la population) qui viennent de toutes les provinces du Canada. Un joli panorama !

Je pourrais être transférée dans un autre centre mais étant donné que je suis enceinte je dois rester près d'un hôpital, celui où j'ai accouché de Maximilien.

Pour le moment, j'ai eu une visite du consulat, de Thierry, de l'avocate. Je pense avoir un jour une visite de Scott, de sa mère ou de son père, étant donné qu'ils sont là à chaque audience où je me présente. Scott fait du ramdam médiatique et continue à raconter des bêtises. Certaines personnes ne changent jamais ; pour une attitude chrétienne, j'avoue que je cherche encore les preuves.

J'attends l'audience du 1er mai pour savoir si je serai libérée ou non. À partir de ce moment-là, j'envisagerai des solutions aux problèmes qui se présentent.

Ton frère Val a pris contact avec le consulat. Tu peux peut-être lui téléphoner pour qu'il te donne les nouvelles. Il n'est pas loin de moi et cela t'éviterait de passer par Francis qui n'a pas toujours une bonne compréhension des événements.

Je t'embrasse.

Nathalie

*
**

Les autorités pénitentiaires font traîner les démarches administratives et Nathalie ne peut toujours pas nous téléphoner. Mais elle nous prévient déjà : dès que la liaison sera établie, elle sera placée sur écoute.

Ce 24 avril correspond aussi aux neuf mois de notre fils Jean-Philippe, et elle profite de l'occasion pour philosopher. Dans quelques années, l'enfant réfléchira certainement à ces notions de liberté et de dépendance évoquées par sa mère.

Surrey, le 24 avril 2006

Cher Francis,

Je n'ai toujours pas pu te téléphoner. J'ai de l'argent sur mon compte mais il faut encore que la prison achète une carte internationale pour téléphoner. J'avoue que je n'ai plus aucune idée sur le jour où je pourrai finalement te parler.

Hier, mon oncle Valentin est venu me voir et m'offrir son aide. J'étais contente de le voir. Mon autre oncle, Rémon, doit aussi me rendre visite. Il faut téléphoner au moins dix fois à la prison pour avoir un rendez-vous et il faut donc être persévérant.

Quelqu'un du consulat doit venir aujourd'hui. Je leur ai donné l'autorisation de suivre mon dossier médical.

J'attends le 1er mai avec impatience pour savoir ce qui va se passer dans les jours et les mois qui viennent. J'avoue qu'il est difficile de planifier car je ne peux que répondre aux attaques que l'on lance en face de moi. J'aimerais beaucoup pouvoir te parler librement mais tout est sur écoute ici. As-tu vérifié si tu es sur écoute et si ma famille est aussi sur écoute ?

Aujourd'hui, deux filles se sont battues parce que l'une avait piqué des pop-corn à une autre. Du coup, il y avait de la nourriture un peu partout dans la pièce commune. Avec ma collègue de cellule, nous avons nettoyé le tout. Bref, on ne sait jamais ce qui va se passer. Les deux filles sont maintenant enfermées dans des cellules spéciales et elles doivent aller en cour de justice pour expliquer ce qui s'est passé. Elles risquent de recevoir des jours de prison en plus. Ça devient un cercle vicieux...

J'espère que tu prends un peu de temps avec Jean-Philippe, que les fleurs ont poussé, que les animaux se portent bien.

La maison doit être vide et en même temps il le faut bien pour que tu puisses te reposer un peu.

N'oublie pas d'amener Jean-Philippe pour son examen du neuvième mois. Il faut ensuite envoyer le feuillet à la MGEN, je crois, ainsi qu'aux Allocations familiales.

Je pense souvent à toi et j'espère que tous ces tourments finiront un jour.

Nathalie

Surrey, le 24 avril 2006

Cher Jean-Philippe,

Hier tu as eu neuf mois. Cela veut dire que tu as passé autant de temps dans mon ventre que dehors à respirer l'air frais. Comme tu le ressens peut-être, être à l'intérieur permet d'être protégé et de grandir tranquillement. Mais cela a aussi l'inconvénient d'être dépendant d'une autre personne.

En sortant tu as choisi de devenir indépendant et nous sommes là pour te guider dans tes choix. En ce moment ce sera surtout papa qui va prendre soin de toi car, maintenant, moi je suis à l'intérieur d'une prison et je ne peux pas en sortir. Eh oui, c'est à mon tour d'être à l'intérieur et de dépendre d'autres personnes.

Je pense souvent à toi, à tous tes sourires, à ta façon de te déplacer. Tu as dû changer, ces dernières semaines, et j'espère pouvoir bientôt te parler au téléphone.

Je t'aime très fort.

Maman Nathalie

*
**

La routine et l'ennui. Nathalie s'habitue à son quotidien et attend... Les visites de sa famille et de ses amis installés au Canada s'organisent. Elle se sent moins seule et a une grande confiance en son avocate, ce qui est essentiel. Elle le confie à ses enfants et à sa sœur cadette, Claire.

Surrey, le 25 avril 2006

Chers Maximilien et Joséphine,

Je suis toujours en prison mais aujourd'hui j'ai eu de vos nouvelles par l'avocate. Elle m'a lu les commentaires que vous avez donnés à l'avocat de Lyon. J'espère que vous vous portez bien et que vous êtes patients.

J'attends le 1er mai pour savoir si je vais sortir de prison. Le consul de France sera là, mon ami Stephen sera là et aussi Thierry Barbier. Il y a également des parents de votre ancienne école française qui ont contacté le consulat pour avoir de mes nouvelles.

Mon oncle Valentin est venu me voir en prison et on a beaucoup discuté. Mon autre oncle Rémon va venir me voir.

Beaucoup de personnes m'aident, l'avocate travaille très fort et j'espère que les décisions iront dans le bon sens pour toute la famille.

Si vous voulez m'écrire, vous pouvez le faire chez mon oncle Valentin pour qu'il m'apporte vos lettres. D'ici là, j'espère pouvoir vous parler au téléphone.

Je vous embrasse très fort.

Maman

Surrey, le 25 avril 2006

Chère Claire,

J'ai toujours des difficultés pour appeler la France. Mon avocate et le consulat essaient de débloquer la situation mais de toute façon c'est très compliqué pour faire quoi que ce soit. Tout prend beaucoup de temps, beaucoup d'énergie.

J'attends le 1er mai avec impatience pour voir ce qui va être décidé. Le consul de France à Vancouver est venu me voir et il vient de retarder son voyage à Québec pour pouvoir assister à l'audience. C'est une bonne chose. Il y aura évidemment beaucoup de journalistes français et canadiens. D'une affaire privée, on est maintenant passé à l'international.

J'ai vu Valentin dimanche et Rémon doit aussi venir me voir. Je revois la famille...

À part ça, tout est lent et il faut s'habituer aux bagarres quasi quotidiennes des prisonnières. Heureusement, je suis avec quelqu'un d'assez calme qui restera ici jusqu'au 14 mai. Comme le centre fait office de transfert, de nombreuses filles ne sont là que quelques jours et ensuite elles partent pour Alouette, un centre de détention avec moins de gardes et plus de choses à faire.

J'espère que vous tenez le coup de votre côté. Comme je te l'ai dit avant, ce n'est pas la peine de parler à qui que ce soit car tout est retranscrit par la police.

À bientôt peut-être.

Nathalie

*
**

En France, Maximilien et Joséphine, les enfants de Nathalie, ont chargé un avocat lyonnais, Maître Yann Gallone, de la défense de leurs intérêts. Celui-ci les a reçus séparément et hors de toute présence d'adultes, le 25 avril. Tous deux ont certifié vouloir demeurer en France, avançant les mêmes arguments.

En premier lieu, scolarisés depuis presque cinq ans en Ardèche, ils ont fait remarquer qu'ils ne parlaient pratiquement plus anglais. Mais surtout, ils ont dénoncé leurs conditions de vie avec leur père, lui reprochant de ne pas s'occuper de leur scolarité, ni de leur éducation, les plantant le plus souvent devant un écran de télévision ou un ordinateur pour avoir la paix. Tous deux ont affirmé que Scott Grant passait le plus clair de son temps dans les locaux de la secte et qu'il les obligeait souvent à l'accompagner dans d'interminables séances de prière. Ils se sont également plaints de l'omniprésence des membres de la secte à leur domicile, la petite Joséphine précisant que l'un d'eux, Tom, vraisemblablement le gourou, lui faisait très peur. En revanche, la fillette a certifié qu'elle me considérait comme un père, qu'elle s'entendait très bien avec moi et qu'elle était ravie d'avoir un nouveau petit frère.

Maître Gallone a immédiatement transmis ces témoignages à l'avocate de Nathalie au Canada. Le 28 avril, ma compagne n'a pas encore connaissance de cette démarche lorsqu'elle écrit à sa sœur Laetitia. Elle attend toujours le 1er mai avec impatience pour savoir si elle demeure ou non en prison et dépeint une fois de plus son sinistre univers carcéral. Au niveau de l'instruction, Nathalie a également appris que son dossier était remonté jusqu'à « la Couronne », l'équivalent du parquet. Mais elle n'y accorde guère d'importance.

Surrey, le 28 avril 2006

Chère Laetitia,

Je te souhaite un joyeux anniversaire ! C'est la fin de la passion du Christ... les trente-trois ans sont dépassés...

J'attends le 1er mai avec impatience pour savoir si je reste ou non en prison jusqu'au procès. Après cette date, je pourrai m'organiser concernant la correspondance avec la famille en France.

Ici, comme je te l'avais dit, je suis entourée de droguées et surtout d'enfants gâtées qui ne veulent pas grandir. Il y a des filles qui ont souffert mais il y en a beaucoup qui aiment l'argent facile et sont prêtes à faire n'importe quoi.

La punition ici, si tu te bats avec une autre fille, c'est de t'envoyer dans une cellule toute seule sans télé. Tu vois le niveau... Bref, il est certainement bon d'avoir grandi sans télé si l'on doit passer dix jours en cellule d'isolement. Mais je ne pense pas avoir à me battre !

Je suis allée voir un médecin pour vérifier ma tension qui était faible la semaine dernière. Je vais mieux. J'ai aussi demandé d'avoir plus de laitages dans mon régime. J'ai donc reçu deux litres de lait en poudre supplémentaires... C'est complètement imbuvable, même avec du sucre dedans.

Ici, il fait encore assez froid. La semaine dernière, Val m'a dit qu'il gelait encore à Chiliwack. La terre ne se réchauffe qu'à partir de fin mai.

À part ça, je pense que tu sais que Vincent a fait des déclarations à l'avocat de Scott et que le dossier est remonté jusqu'à la Couronne ici. Bref, toujours les mêmes idioties. Ça devient mécanique.

Embrasse tous les enfants de ma part. Qu'ils profitent un peu du printemps.

Nathalie

*
**

Terrible désillusion pour Nathalie. Même si elle se refusait à trop d'optimisme au fond d'elle-même, à défaut de libération immédiate elle espérait au moins être fixée sur son sort le 1er mai. Les juges en ont décidé autrement, reportant leur décision au 11 mai. Encore onze longues journées d'attente, et toujours ce sentiment d'être tombée entre les mains de ses adversaires. Le compagnon de son ex-belle-mère, procureur général, n'est plus autorisé à assister aux audiences en raison de sa fonction et de ses liens avec les Grant, mais Nathalie suppose qu'il continue de tirer les ficelles dans l'ombre et de conseiller son ex-mari.

C'est à ses enfants qu'elle dépeint en premier lieu sa situation et son amertume.

Surrey, le 2 mai 2006

Chers enfants,

J'espère que vous allez bien et que vous tenez le coup. Courage !

Hier, je suis allée en cour de justice pour savoir si je pourrais être libérée avant le procès. La juge n'a pas pu décider immédiatement et je dois donc attendre le 11 mai pour avoir les résultats. Ce même jour, les avocats décideront aussi d'une date pour le procès.

Il y avait beaucoup de monde dans la salle. Il y avait votre père, sa mère et son père, Ron (le père de Cara), Cara elle-même (elle a seize ans), Graeme Huguet (qui fait partie d'Amway), Doug Egan (un conseiller financier avec une Porsche). Il y avait peut-

être des membres de la secte mais je ne les ai pas reconnus. Je vous donne les noms pour que vous sachiez qui sont les personnes contre moi. La mère de Scott prenait des notes : je pense qu'elle les transmet ensuite à son copain pour qu'il inspire des stratégies à Scott qui parle à la Couronne.

Tout est très compliqué mais j'espère toujours que mon histoire sera entendue.

Je n'ai toujours pas pu vous téléphoner. Tous les jours je demande aux gardes la possibilité de le faire. Le consulat a téléphoné de nombreuses fois pour que je puisse appeler en France mais je n'ai pu avoir que maman samedi dernier. Mon avocate téléphone aussi de son côté, mais toujours aucun résultat. Tout cela est très frustrant.

Je sais qu'en France de très nombreuses personnes sont impliquées pour obtenir ma libération et j'apprécie beaucoup toute l'aide qui m'est offerte.

J'ai reçu des cartes et des lettres de personnes que je connaissais à Vancouver. C'est très gentil de leur part.

À part ça, rien de neuf. Il faut absolument prendre patience, attendre des décisions et petit à petit les choses deviendront plus claires.

Je vous aime très fort et je vous embrasse.

Maman

*
**

Informé par l'avocate canadienne de Nathalie des résultats de l'audience du 1er mai, je demande au député de l'Ardèche Jean-Claude Flory d'intervenir auprès du ministre des Affaires étrangères, Philippe Douste-Blazy, afin que le personnel diplomatique français au Canada apporte tout son soutien à ma compagne. L'élu envoie immédiatement un courrier.

De sa prison, Nathalie me confirme les résultats de l'audience du 1er mai. Elle écrit aussi à sa mère, et à sa sœur. On sent une grande lassitude à travers ses mots et une crainte grandissante pour l'enfant qu'elle porte, vu les conditions dans lesquelles on l'oblige à vivre. Elle prévient également qu'un mandat d'arrêt a été lancé contre ses petits, qui seraient donc interpellés s'ils se présentaient sur le territoire canadien.

Surrey, le 3 mai 2006

Cher Francis,

Encore une semaine à attendre la décision de la juge pour savoir si je serai libérée en attendant le procès. La juge avait prévu de donner sa décision l'après-midi de l'audience mais, la Couronne n'ayant pas fini sa plaidoirie, elle a dû reporter sa décision au lendemain. Mon avocate Deanne Gaffar et la Couronne n'étant pas disponibles le lendemain, il faut donc que j'attende le 11 mai !

Comme tu le sais, j'ai pu avoir ma mère au téléphone mais je n'ai pas réussi à t'avoir sur le portable ou à la maison. Je remplis une demande tous les jours pour pouvoir appeler en France mais personne ne répond et ne m'amène vers un téléphone.

Ici, nous sommes enfermées entre quinze et dix-huit heures par jour dans nos cellules. Le reste du temps nous pouvons sortir une heure dehors. J'essaie de marcher un maximum. Autrement, je lis, je joue aux cartes, je fais des lessives, du nettoyage.

Je suis dans un centre de triage pour prisonnières et il y a donc des changements plusieurs fois par jour avec toutes sortes de filles et leurs maladies qui entrent et qui sortent. C'est vraiment très sain, pour le bébé et moi ! Mais cela n'empêche pas la Couronne de demander à ce que je reste en prison parce que je suis enceinte. Ils sont vraiment particuliers !

Le jour de l'audience, je n'ai pas vu le copain de la mère de Scott, Mike Luchenko, avocat pour la Couronne. Cependant, la mère de Scott prenait des notes et doit tout rapporter à la Couronne. Bien sûr, Scott est très impliqué dans le procès, puisque nombreux sont ses dires qui ont été cités lors de l'audience. La Couronne a même mangé avec lui, apparemment, le jour de l'audience.

J'attends le 11 mai patiemment et puis ensuite j'espère pouvoir te contacter pour savoir un peu ce qui se passe de ton côté.

Je pense souvent à toi, à Jean-Philippe et aux enfants. Est-ce que les notes suivent, à l'école ? Que se passe-t-il au Dauphiné ? L'Est républicain *reprend-il la main ?*

Je t'embrasse très tendrement.

Nathalie

P-S : Plein de bisous et de mamours à Jean-Philippe. Maximilien et Joséphine sont sous le coup d'un mandat d'arrêt en Colombie-Britannique. Ils seraient remis immédiatement à Scott.

Surrey, le 3 mai 2006

Chers maman et Jean-Louis,

J'ai bien reçu votre lettre aujourd'hui. Je vous remercie de pouvoir me tenir informée un minimum de la situation. Comme vous le savez ici tout est lu, relu, traduit et envoyé à la police qui fait remonter les affaires à la Couronne. La mère de Scott assiste à toutes les audiences, prend des notes et doit transmettre les infos à son ami Mike.

Ici, à la prison, plusieurs personnes sont choquées de savoir qu'elle est personnellement impliquée dans l'affaire. Et évidemment, bien que peu aient une opi-

nion favorable de sa personne, ses actions ne font que confirmer son triste caractère.

Pour le moment, j'ai encore beaucoup de difficultés pour téléphoner en France malgré mes demandes quotidiennes et les pressions constantes du consulat et de mon avocate. C'est d'ailleurs peut-être fait exprès...

J'ai reçu des lettres de personnes que je connaissais à Vancouver, qui se solidarisent avec mon combat. J'ai aussi reçu une lettre de ma professeure de chant. Très gentil de sa part !

Autrement, ici, toujours la même chose. Je sors une heure par jour : je marche ou je joue au badminton. Je joue aussi aux cartes avec une Amérindienne qui est en prison pour un moment en attendant son procès. Les filles vont et viennent beaucoup, sortent, reviennent. Les maladies sont aussi très présentes : hépatites, sida, infections contagieuses. Les bagarres sont fréquentes et nous restons enfermées dans nos cellules souvent plus que les quinze à dix-huit heures prévues par jour. Évidemment, ceci est très sain pour le bébé... C'est peut-être pour cela que la Couronne a plaidé pour que je reste en prison, avançant de nombreuses raisons mais entre autres parce que je suis enceinte... J'aurai tout entendu... Peut-être un jour se rendront-ils compte qu'ils sont manipulés par Scott ? Et là encore cela risque de se retourner contre moi, car bien sûr on n'aime pas plus intelligent que soi.

Enfin, je ne perds pas encore espoir. J'attends, sereinement, que les cartes apparaissent, et puis il faudra faire avec.

En attendant de vous revoir un jour, je vous embrasse très fort.

Nathalie

P-S : Je tiens à confirmer que Max et Jo ont un mandat d'arrêt au Canada et qu'ils seront remis à leur père dès leur arrivée.

Surrey, le 3 mai 2006

Chère Lélé,

À nouveau, joyeux anniversaire ! Cette lettre arrivera certainement en retard mais c'est la pensée qui compte.

Ici, toujours la même chose. Same old, same old.

Beaucoup de changements dans la liste des femmes qui entrent et qui sortent. Beaucoup de malades aussi.

L'audience a eu lieu le 1er mai et j'attends la réponse de la juge pour le 11 mai. C'est la date d'anniversaire du mariage de papa et maman ; peut-être que cela pourrait porter chance. Il y avait pas mal de monde lors de l'audience, du consulat à

Thierry, Stephen et Valentin et à Scott, sa mère, son père, Ron (le beau-frère) et sa fille Cara (seize ans). On se serait cru à un mariage avec chaque partie d'un côté ou de l'autre de la salle. La Couronne m'a décrite comme manipulatrice, je n'ai pas eu droit à séductrice... C'est incroyable comme les choses se répètent.

Apparemment, tu t'occupes beaucoup de Jean-Philippe et Marc est content d'avoir de la compagnie. Je te remercie grandement pour tout ce que tu fais pour lui.

Je t'embrasse.

Nathalie

*
**

Fait nouveau et réconfortant : Nathalie commence à pouvoir nous téléphoner, mais ses gardes l'autorisent à le faire avec parcimonie et sans tenir aucun compte du décalage horaire, ce qui pose problème.

Surrey, le 6 mai 2006

À Francis mon chevalier,

J'ai essayé de te téléphoner aujourd'hui. Il était minuit heure française et je pense que tu dormais. J'ai essayé chez ma mère et je n'ai pas eu de réponse non plus. Finalement, j'ai pu avoir Laetitia. Je n'ai aucune idée du moment où les gardes me laisseront appeler la France. Je continue à faire des demandes quasi quotidiennes pour pouvoir te parler et pouvoir parler aux enfants. Pour le moment, j'ai eu accès deux fois au téléphone et, n'ayant aucune idée de ton emploi du temps ni la possibilité de savoir par avance quand je pourrai t'appeler, j'avoue qu'il est très difficile de faire quoi que ce soit. Je pense que le système carcéral canadien verrouille tout de manière à m'affaiblir et à affaiblir la possibilité de me défendre en cour de justice. Je peux parler à l'avocate mais, n'ayant pas accès aux documents qui circulent du côté de la Couronne (car je ne vois l'avocate que derrière une vitre), j'avoue qu'il est difficile de construire une défense qui se tienne. Il faudrait que je puisse te diriger vers les documents canadiens qui se trouvent en France, de manière à ce que l'histoire complète puisse être présentée et non pas une version « Scott ». En effet, la Couronne s'appuie quasi uniquement sur les dires de Scott.

Les conditions carcérales actuelles ne me permettent pas toujours d'avoir accès au téléphone pour parler à l'avocate. La veille de la dernière audience, trois bagarres ont eu lieu simultanément dans la prison et nous sommes restées deux heures supplémentaires enfermées, soit un total de vingt heures. Au moment de l'incident, j'étais au téléphone avec l'avocate et je n'ai pas pu finir de lui donner le reste des informations pour l'audience du lendemain. Le jour de l'audience, je suis partie dans le « panier à salade » à 7 h 30 et je suis arrivée en cour de justice à 9 h 30 pour l'audience. J'ai échangé deux-trois informations avec l'avocate et puis l'audience a démarré. Bref, de nouveau, il est terriblement difficile d'avoir une défense impeccable.

À part ça, j'ai appris que Jean-Philippe sortait de son lit. Fais attention à refaire la porte. Tu peux aussi acheter un micro-émetteur à placer près de son lit avec un haut-parleur dans notre chambre. J'ai un peu peur pour lui !

Je sais que tu te démènes comme un diable. Repose-toi quand même un peu.

Je t'aime très fort.

Bisous tout plein à toi et Jean-Philippe.

Nathalie

*
**

Les conditions de détention de Nathalie se dégradent encore. Cette fois, elle alerte le consul de France et le prie d'intervenir auprès de la direction de la prison.

Nathalie Gettliffe, Pre-trial Center 14323, 57th Avenue, Surrey, BC V3X 1B1

Surrey, le 8 mai 2006
À M. le Consul général de France
à Vancouver (CB), Canada,
Transmis par Cécile Walck,
consulat de France à Vancouver

Monsieur le Consul,

Par la présente, je tiens à vous informer des événements que je subis actuellement au centre de détention préventive de Surrey (CB), Canada.

Tout d'abord, malgré mes demandes répétées, les interventions de Deanne Gaffar, mon avocate, et du consulat général de France à Vancouver, je n'ai toujours pas pu parler à mes enfants et à mon compagnon depuis le 11 avril 2006. J'ai pu téléphoner deux fois en France ces quinze derniers jours, mais n'ayant aucune connaissance de la date ni de l'heure pendant laquelle je pourrais téléphoner, mes deux appels ne m'ont pas permis de joindre mes enfants ou mon compagnon.

Je subis de plus les conséquences d'un réarrangement géographique des détentions carcérales, ainsi qu'une incapacité de l'administration actuelle du Surrey Pre-trial Center de faire appliquer les règles de conduite basique des prisonniers. À cette heure (midi), je suis enfermée depuis vingt-trois heures d'affilée dans ma cellule suite à une décision de la direction de punir les prisonnières de notre appartement qui faisaient pression sur d'autres prisonnières pour qu'elles aillent dans un autre appartement. La garde de service, Mme Baloc, m'a demandé de signer le document que je vous joins. Ce que j'ai refusé de faire étant donné que, premièrement j'étais absente lors de l'incident du matin (rencontre avec Dina pendant laquelle j'ai téléphoné au consulat) et que, deuxièmement, bien qu'il y ait eu des pressions les jours précédents, je n'ai jamais fait partie des prisonnières faisant subir des pressions aux autres. Les gardes peuvent attester que je suis particulièrement effacée et muette depuis mon incarcération.

En refusant de signer le document ci-joint, je m'expose à des représailles de la part de l'administration ; cela peut aller du confinement en cellule pendant plusieurs jours à une descente pendant dix jours dans une cellule de « ségrégation ». Madame MacQueen m'a proposé de changer d'appartement, ce qui m'expose à des représailles (violences physiques) de la part des prisonnières de l'autre appartement. En effet, le fait que je change d'appartement signale aux prisonnières que je suis la personne ayant rapporté les faits de pressions aux gardes. Ce qui est évidemment faux.

En bref, je suis condamnée à subir un confinement actuel dont je ne suis pas responsable. Je suis aussi exposée à des conséquences négatives de la part de l'administration ou des autres prisonnières.

Cette situation est le résultat de deux facteurs principaux que j'ai rapidement énoncés en début de lettre. Tout d'abord, la fermeture des « Vancouver City Cells » a eu pour conséquence ces deux dernières semaines l'arrivée de gardes de Vancouver méconnaissant le système de fonctionnement du centre Surrey Pre-trial. J'assiste donc d'un côté à un durcissement des règles de conduite par certaines gardes qui ne respectent pas toujours les prisonnières. La conséquence d'un tel comportement étant la frustration des prisonnières prêtes à se bagarrer pour un rien. D'un autre côté, certaines gardes sont laxistes et ne font pas respecter les règles de conduite, ce qui permet à des prisonnières de dépasser les limites du respect envers d'autres prisonnières.

Je demande à ce que vous fassiez part de ma colère à la direction du centre de détention Surrey Pre-trial. Je pense qu'une lettre d'excuses ainsi que l'assurance que la situation actuelle ne se reproduira pas serait la moindre des civilités.

Comptant sur votre intervention, je tiens à vous assurer, Monsieur le Consul, de mon plus profond respect.

Nathalie Gettliffe

*
**

Le 11 mai approche. Plus que vingt-quatre heures et Nathalie sera peut-être fixée sur son sort. Les juges doivent rendre leur décision la concernant. Elle n'ose plus rien promettre à ses enfants.

En attendant, chaque jour lui apporte son lot de désagréments. Coup sur coup, elle vient d'apprendre d'abord qu'une carte postale peinte par un ami avait été confisquée par précaution, sous prétexte que la peinture pouvait dissimuler de la drogue, puis que les autorités judiciaires envisageaient un échange mère contre enfants. C'est-à-dire qu'elle pourrait recouvrer sa liberté si ses enfants regagnaient le Canada. Pour elle, ce marchandage est toujours exclu.

Surrey, le 10 mai 2006

Cher Francis,

J'ai bien reçu tous les fax qui passent par mon amie Dina. En revanche, je n'ai aucune idée de ce qui peut se passer du côté de la Couronne. J'apprends par tes fax l'odieux chantage mère contre enfants. Deanne Gaffar m'avait parlé de faire rentrer les enfants mais, n'ayant eu à ce jour aucun contact avec toi et eux, je ne suis pas en mesure de décider.

Je te mets en pièce jointe un double de la lettre que

j'ai donnée le lundi 8 mai à Cécile Walck, du consulat. Elle l'a fait parvenir à l'avocate. Tu peux t'en servir pour les médias français si besoin. Je n'ai pas eu à ce jour de réponse de la direction de la prison qui a reçu une demande de clarification de la part de Linda, secrétaire de Deanne.

J'ai aussi vu un psychologue mardi pour expliquer qu'il m'est vraiment difficile de ne pas pouvoir te parler ni parler aux enfants. Il va t'envoyer un courrier électronique demandant quand je peux téléphoner. Il va aussi essayer de faire en sorte que les gardes me laissent appeler à ce moment-là.

Autrement, j'essaie d'imaginer Jean-Philippe faisant du trampoline dans son lit. Quel malin singe ! dirait ta mère. Il me manque...

J'ai reçu un courrier de Jean-Louis. Dis-lui gentiment de ne pas écrire en toutes lettres les planques des enfants. Des fois, je me demande s'il a véritablement fait partie de l'armée !

Je te remercie encore pour tout ce que tu fais pour faire avancer le dossier. J'aimerais vraiment pouvoir te parler, mais par les fax je vois que tu es toujours là.

Bisous à Jean-Philippe.

Je t'aime très fort.

Nathalie

Surrey, le 10 mai 2006

Chers enfants,

Je vais fêter mon premier mois en prison demain. C'est aussi le jour où je vais savoir si je peux temporairement sortir de prison avant le procès.

Je n'ai aucune idée de ce que va décider la juge. Il faudra de toute façon faire avec. Francis a pu me faire parvenir des articles qui me laissent connaître ce qui se passe en France, ou plutôt ce qui est dit. Évidemment, tout ce qui est fait par différentes personnes m'aide à tenir le coup car la prison n'est pas un endroit forcément amusant.

Mais j'ai quand même des choses amusantes à vous raconter. Le dîner du soir est servi à 4 heures ! Comme je sais que je vais avoir faim plus tard, je garde mon repas et je mange vers 7 heures du soir. J'ai demandé à avoir des laitages en plus pour le bébé et un jour on m'a servi un jus de pomme. Cherchez l'erreur ! Finalement, j'ai été acceptée à l'école. La plupart des filles apprennent à lire et à écrire ou essaient de passer une équivalence du bac. Pour moi, cela me permet de sortir de mon appartement et d'avoir accès à la bibliothèque.

Je joue aussi des fois au badminton quand on sort dehors. Je vais devenir une pro. Il y a aussi une salle de musculation mais je fais attention avec le bébé. Eh oui, finalement, il y a une table de ping-pong mais on n'a pas de raquettes ni de filet, alors c'est plutôt raté pour jouer.

Prenez bien soin de vous. Ne vous découragez pas. Je ne vous fais pas de promesses sur la date à laquelle ce cauchemar finira mais il y aura une fin, c'est sûr.

Faites plein de bisous à Jean-Philippe.

Moi, je vous fais des milliers de bisous et merci encore pour vos lettres.

Maman

*
**

Terrible désillusion pour Nathalie. Les juges ordonnent son maintien en détention. Leurs attendus sont très durs et, surtout, elle comprend qu'elle ne sera pas libérée tant que ses enfants seront en France. La rage et une immense déception transparaissent dans les courriers qu'elle m'envoie immédiatement ainsi qu'à ses enfants. C'est un moment intense, bouleversant, car à cette occasion elle accepte la proposition de mariage que je lui avais faite quelque temps avant son départ pour le Canada. Mon amie se prépare à une longue incarcération et s'inquiète des problèmes administratifs qu'elle va poser en France. Les siens lui manquent ; elle aimerait nous parler.

Surrey, 11 mai 2006

Cher Francis,

Compte rendu d'audience

La juge (dont j'ignore le nom) a lu sa décision pour la remise en liberté conditionnelle avant le procès. Selon la loi de la Colombie-Britannique, je dois rester en prison si une des conditions suivantes est remplie :

1) je risque de ne pas venir au procès ;

2) je suis un danger pour le public ;

3) je suis une insulte pour l'institution.

La Couronne avait monté son argumentation sur les trois points. Deanne, mon avocate, pensait déjà que c'était un peu pousser les choses Cependant, la juge a décidé que je devais rester en prison pour les trois raisons énoncées plus haut ! Une aurait suffi. La juge a aussi demandé à ce que le différend familial soit résolu avant le procès. Traduction : il faut que les enfants rentrent au Canada.

Je vais parler à l'avocate aujourd'hui pour voir ce qu'elle pense faire.

Tiens bon ; ne t'énerve pas, car c'est à ce moment-là qu'on fait des erreurs (j'en suis un exemple). Petit à petit, les cartes tombent sur le tapis et les options se font plus claires. J'ai hâte de pouvoir te parler.

Longs bisous,

Nathalie

Surrey, le 12 mai 2006

Cher Francis,

Bon, eh bien comme tu le sais déjà, je suis en prison pour encore un petit moment. Je vais essayer d'écrire deux fois par semaine pour te donner de mes nouvelles mais surtout pour te guider dans certains papiers qui doivent être régularisés. Ici, je ne peux rien garder avec moi, même tes lettres et tes fax, car la police peut les saisir à tout moment pour les utiliser contre moi. Je vais donc utiliser le téléphone avec l'avocate pour les dossiers sensibles et le reste je le ferai par courrier.

J'ai vu Emmanuel Retz, notre ami journaliste qui prépare une émission sur nous pour le « 7 à 8 ». Je l'ai bien briefé sur ce qui pouvait passer dans l'émission. Je ne veux en aucun cas qu'apparaisse « Nathalie a dit que... ». En effet, j'ai appris par l'avocate que tout ce qui est entre guillemets est filtré par l'avocat de Scott en France, qui fait parvenir les documents à la Couronne. Il faut donc absolument que je reste silencieuse (de toute façon je n'ai pas encore pu te contacter, ni toi ni les enfants). Tu peux me faire parler sur ma détention et mon arrestation mais rien sur le plan stratégique juridique en ce qui me concerne. Tu peux parler de ce que tu ressens, de ce que les enfants vivent. En revanche, essaie de guider les journalistes pour qu'ils fassent parler Scott, car tout ceci nous sert pour démontrer son état d'esprit.

Par exemple, à la fin de l'audience il a applaudi, avec les gens de la secte ils se sont donné des accolades, ont remercié Dieu et ont dit aux journalistes que j'avais fait une erreur et que je devais payer même si j'étais enceinte. Tout ça, c'est bon pour la défense.

Côté pratico-pratique, j'ai besoin que tu fasses les déclarations comme quoi je ne travaille plus en ce moment à l'université de Lyon-II. Sur mon bureau, il y a une grande enveloppe marron avec l'insigne de Lyon-II. J'ai des formulaires préremplis à envoyer tous les mois. Il doit rester mai et juin. Tu peux remplir mai maintenant et juin le 1er juin. Comme je n'ai pas fait ma déclaration aux Assedic par téléphone, il va falloir que tu ailles voir Pascal Fombonne pour qu'il me remette à jour et que Lyon-II me fasse les versements.

Pour ce qui est de ma déclaration de revenus c'est plutôt le bordel. Normalement, dans les étagères du fond près de la porte de Max, j'ai un boîtier blanc, avec toutes mes déclarations des années précédentes. Pour celles de cette année, tu peux demander de l'aide à Jean Baille, ami de ma mère et travaillant pour Gefirex. Il fait mes déclarations tous les ans. En résumé, pour 2005, j'ai mes revenus de Lyon-II. Il faut déduire les frais d'essence à raison de trois voyages par semaine de 190 km avec la 205. Il faut aussi déduire le trop-perçu que Lyon-II a versé alors que j'étais en maternité pour les mois de mi-mai à août. J'ai déjà remboursé ces sommes. Peut-être que les justificatifs de trop-perçu sont dans le dossier MGEN (sur le bureau). Il faut aussi que tu demandes un crédit d'impôt pour le poêle : le justificatif est dans le gros classeur gris (dossier maison), dans les étagères, près de la porte de Max.

Finalement, mon assurance médicale et celle des enfants se terminent fin mai. Il faudrait que tu nous mettes tous les trois si possible sur ton assurance au Dauphiné.

Je ne sais pas quand toutes ces misères juridiques prendront fin mais cela peut prendre un certain temps. J'avais pensé, le jour de la Saint-Valentin, te faire le cadeau d'accepter ta proposition de mariage. J'avais même arrêté la date du 21 juin car je sais que ce jour te porte bonheur. Bref, les choses s'enchaînent et le chaos continue. Mais les sentiments restent. Donc, si cela te facilite les démarches juridiques, si cela te donne du poids, de la force, j'accepte ta proposition de mariage. J'aurais aimé que ce soit dans un moment plus serein mais je crains d'être vouée à une existence non conventionnelle. J'aimerais cependant la partager avec toi en espérant que, au long des années, elle me sera plus légère. Laisse-moi savoir si tu es toujours prêt à t'engager et quelles seraient les formalités. Je t'aime très fort.

Je t'embrasse.

Nathalie

Surrey, le 12 mai 2006

Chère Joséphine,

Joyeux anniversaire ! Bisous tout plein. J'espère que tu auras passé une bonne journée avec quelques cadeaux et surtout de la bonne humeur.

N'oublie pas que, quoi qu'il arrive, la vie doit continuer. Il y a des événements particulièrement pénibles en ce moment et on ne peut pas les ignorer. Tu peux exprimer tes émotions, mais il faut continuer à vivre car la vie est faite de hauts et de bas.

Tu as maintenant onze ans et tu vois les choses de plus en plus clairement. Tu peux te faire une opinion sur ce qui se passe. Tu peux dire ce que tu penses. Tu peux partager tes moments de souffrance. Tu peux demander à t'isoler si tu as besoin de repos, si tu as besoin de penser. Tu commences de plus en plus à te connaître et c'est très bien car tu peux réagir face à différentes situations.

J'aurais aimé que cette année soit calme mais, comme tu le vois, c'est plutôt mouvementé. C'est comme ça. Des fois, on ne sait pas pourquoi les choses se passent ainsi.

Je ne suis plus là temporairement pour te protéger, t'aider, te faire découvrir la vie, mais je sais que d'autres personnes t'entourent et qu'elles t'apprendront des choses.

Tu n'es aucunement responsable de ce qui se passe et je sais que tu fais tout ce que tu peux pour aider.

Mais toute cette histoire est une histoire d'adultes et des fois les adultes sont très compliqués.

La vie est un long parchemin, comme les rouleaux de papyrus qu'on déroule un peu chaque jour pour voir ce qui va se passer.

Je suis très contente que tu grandisses, car de plus en plus nous pourrons discuter des choses de la vie et parce que tu es très intelligente.

Je t'aime très fort.

Maman

Surrey, le 12 mai 2006

Chers Maximilien et Joséphine,

J'ai donc été à l'audience du 11 mai et la juge a décidé que je devais rester en prison jusqu'au procès. Il va donc falloir qu'on s'organise sur le long terme. Comme j'ai des difficultés à vous avoir, je vais essayer de parler par le biais de l'avocate et par le biais du consulat.

En revanche, il va falloir que vous teniez bon.

Maximilien, il faut que tu écoutes à l'école et que tu travailles aussi fort que possible pour passer en cinquième. Je sais que tu peux le faire. Demande à Jean-Louis de t'aider. Demande aussi si tu peux rester en étude pour qu'on t'aide à l'école. Autrement, amuse-toi en jouant au ping-pong avec ta grand-mère Amachi et les cousins.

Joséphine, travaille bien ta flûte. Tu deviens une vraie petite pro. Ne t'énerve pas trop facilement car, tu sais, la vie est parfois bizarre. Fais-toi plaisir avec Amachi et tes tantes. Tu as beaucoup de chance de les avoir autour de toi.

Je pense que vous voyez des fois des photos de votre père à la télé. Il est très content que je sois en prison et n'a aucune peine à savoir que je suis enceinte en prison.

Soyez agréable avec Francis. Je pense que des fois il est fatigué mais il a toujours fait et fera toujours toutes les démarches pour vous protéger. Il est parfois maladroit mais son cœur est bon.

Faites évidemment plein de bisous à Jean-Philippe. Il est aussi mignon que vous quand vous étiez petits.

Vous me manquez.

Je vous envoie d'énormes bisous.

À bientôt.

Maman

P-S : Dites-moi par le biais de Thierry ce que vous voulez faire pendant les vacances.

*
**

En Ardèche, je passe à la contre-offensive et porte plainte auprès du procureur de la République de Privas contre le Premier ministre du Canada pour enlèvement, séquestration arbitraire et incarcération. Je considère en effet que l'enfant que porte Nathalie – notre enfant – peut d'ores et déjà être considéré comme un être humain et qu'à ce titre il est détenu arbitrairement. De surcroît, le risque d'accident étant réel, j'estime qu'on le met en danger de mort.

De son côté, le maire de Satillieu, Pierre Giraud, qui s'est toujours battu pour protéger Nathalie et les enfants, fait voter une motion de soutien à ma compagne par son conseil municipal.

Nathalie, elle, n'oublie pas l'anniversaire de sa maman et tire des enseignements de son incarcération lorsqu'elle écrit à sa sœur.

Surrey, le 16 mai 2006

Chère maman,

Joyeux anniversaire, même si cette carte arrive en retard ! J'espère que tu tiens le coup mais je vois que la mairie donne au moins un coup de pouce moralement avec la motion de soutien qui a été votée.

N'hésite pas à faire appel à certaines personnes qui pourraient t'aider pour s'occuper des enfants ou du ménage, car je comprends d'après certaines infos que tu as plus ou moins repris les choses en main à la maison. Il est vrai que dans la famille nous aimons bien traiter les affaires seules, mais je crois que la situation exige au moins un peu d'aide extérieure pour traverser les difficultés.

Autrement, ici, pas grand-chose de neuf. Je suis vraiment coupée de tout pour le moment. J'attends des papiers de l'avocate pour décider si je fais appel ou non, pour savoir aussi quand aura lieu le procès. J'ai des idées sur le déroulement juridique en France et au Canada mais j'avoue que je suis obligée de les garder secrètes jusqu'au moment où les cartes tomberont. Je suis sans cesse surveillée. Je ne peux aucunement me livrer, le psychologue de service étant une vieille connaissance de la mère de Scott.

L'assurance que j'ai est de savoir que je peux compter sur Francis, ma famille, les amis proches et les sympathisants, d'un côté et de l'autre de l'Atlantique.

Scott raconte toujours les mêmes âneries, disant au journal Vancouver Sun *que c'est dans mon intérêt de plaider coupable pour qu'il n'y ait pas de procès. Évidemment, cela l'arrangerait bien de ne pas être interrogé par mon avocate.*

Passe tous mes remerciements à Jean-Louis pour son investissement dans la cause familiale. Tout ceci prendra fin un jour et j'espère bien qu'on pourra tous partir en famille quelques jours, au Pays basque par exemple, pour un bain de jouvence dans l'Atlantique.

Je t'embrasse,

Nathalie

Surrey, le 16 mai 2006

Chère Laetitia et les enfants,

J'apprends par différents biais que tu t'impliques dans mon affaire. J'apprends aussi que M. Scott Grant tient apparemment son journal intime sur Internet. Brillante idée. J'espère que tu imprimes tout ce qu'il peut dire car cela nous servira pour le procès.

Ici, autrement, pas grand-chose de neuf. En revanche, je tiens à dire à tes enfants, notamment le cher Matthieu, qu'il a intérêt à se bouger les fesses car la prison est remplie de gens qui ont abandonné l'école avant dix-huit ans ! Il est vraiment très important de bien travailler à l'école afin de ne pas se retrouver à fréquenter les gens de la rue. Secundo, les enfants ont beaucoup de chance d'avoir une mère qui tient à eux, car je suis entourée de mères qui ont abandonné leurs enfants et qui, elles-mêmes, avaient été abandonnées. Et pour tout dire, les pères étaient absents. Les enfants qui s'en sortent sont ceux qui ont eu des mères et des pères qui se sont occupés d'eux. Les autres ont beaucoup plus de mal à y parvenir. Alors un peu d'aide et de reconnaissance à votre mère seraient les bienvenus.

À part ça, pas grand-chose de neuf : de la prison, de la prison, et encore de la prison. Au moins je sais

qu'un jour je sortirai, mais comment ? Je ne sais pas.
Je vous embrasse tous très fort.
À bientôt.

Nathalie

*
**

Les conditions de détention de Nathalie ne s'améliorent pas. Elle s'en ouvre une fois de plus au consul de France, en le priant d'intervenir au nom de l'enfant à naître. Ma compagne apprécie d'autant plus de se savoir soutenue en France. Elle en a grand besoin et témoigne sa reconnaissance, notamment au maire de notre village ardéchois, Satillieu. D'autres communes du département, comme Préaux et son maire Christian Roche, font voter, elles aussi, des motions exigeant la libération de Nathalie par leur conseil municipal. De leur côté, les parlementaires socialistes locaux, Michel Teston et Pascal Terrasse, multiplient les interventions écrites auprès des Premiers ministres français et canadiens, Dominique de Villepin et Stephen Harper.

Nathalie Gettliffe, Surrey, Pre-trial Center 14323, 57th Avenue

Surrey, le 18 mai 2006
À M. le Consul général de France
à Vancouver (CB), Canada

Monsieur le Consul,

Par la présente, je souhaite vous tenir informé de ma situation en prison et j'aimerais que vous en fassiez part à votre hiérarchie.

À ce jour, je n'ai pu téléphoner en France que deux fois, le 30 avril et le 7 mai dernier, à l'aide d'une carte téléphonique internationale. Je trouve cela insupportable, surtout pour une incarcération ayant trait à une affaire de famille.

Malgré mes demandes répétées au médecin, je n'ai pas un régime approprié à ma condition car très pauvre en laitages (un verre de lait par semaine). Je me fais beaucoup de souci pour l'enfant que je porte étant donné les violences émotionnelles que je subis chaque jour de la part des gardes ou des autres prisonnières. Je n'ai aucun répit, même la nuit. L'enfant est très agité et je pense qu'il a arrêté de grandir. J'ai demandé, il y a une semaine, à voir un médecin pour mon suivi du cinquième mois et pour faire l'échographie du second semestre. À ce jour, aucune réponse.

Je suis allée voir le psychologue pour exprimer mon désarroi et ma peine devant mon impossibilité à pou-

voir communiquer avec mes enfants et mon conjoint. Le psychologue m'a assuré qu'il enverrait un courrier électronique pour informer mon compagnon d'une date probable pendant laquelle j'essaierai de téléphoner. Cependant, à ce jour, aucun courrier électronique n'est parvenu à mon compagnon.

Chaque jour, je vis entourée de droguées porteuses de maladies contagieuses (sida, hépatite C, infection de la peau), et chaque jour, malgré les précautions que je peux prendre (désinfecter ma cellule), je risque un peu plus d'être victime d'une de ces maladies, sans parler des risques pour l'enfant que je porte.

Je suis maintenant enceinte de cinq mois et je redoute le sixième mois car pour chacune des grossesses précédentes j'ai dû être hospitalisée afin d'arrêter le travail qui s'était enclenché prématurément. Étant donné le stress de la situation actuelle et mon isolement, je ne peux que redouter le pire : perdre l'enfant ou donner naissance à un grand prématuré.

J'avoue être complètement démunie face à cette incarcération non prévue et potentiellement de très longue durée. Je ne sais même pas ce qui peut advenir de l'enfant après sa naissance, même si le père fait une reconnaissance en France. L'assistante sociale de la prison me recommande de ne pas garder l'enfant en prison mais je n'ose imaginer le choc psycholo-

gique pour l'enfant privé de sa mère et du lait nourricier.

Mon avocate fait appel de la décision du 11 mai mais elle ne peut absolument rien garantir. Je vous supplie donc de faire part de mes inquiétudes à votre hiérarchie, afin de potentiellement trouver une solution humaine dans le cadre de mon incarcération.

Je vous prie de recevoir, Monsieur le Consul général, l'expression de mes sentiments les plus respectueux.

Nathalie Gettliffe

Surrey le 18 mai 2006

Monsieur le Maire,

J'ai eu connaissance de la motion de soutien que vous avez prise lors du dernier conseil municipal et je vous en remercie grandement. J'apprécie plus particulièrement votre soutien à ma mère qui passe des moments difficiles. Il n'est pas toujours facile de garder sa dignité lorsque les difficultés de la vie s'accumulent et se font sans cesse grandissantes avec, parfois, l'impression que les combats n'aboutiront jamais. C'est pourquoi je vous remercie encore de reconnaître publiquement et de faire par là même connaître la dignité avec laquelle ma mère mène son chemin de vie.

Veuillez recevoir, Monsieur le Maire, l'assurance de mes sentiments les plus reconnaissants.

Nathalie Gettliffe

Surrey, le 18 mai 2006

Cher Francis,

J'ai appris par Thierry que tu avais caressé quelques essaims et que notre chien Puchi avait destroyé sa niche. Comme quoi les animaux sont plus sains que les êtres humains. Ici, pas le moindre animal ou coin d'herbe. Au bout d'un moment, cela devient déprimant. J'ai affiché au mur la carte que ma sœur Claire m'a envoyée. Au moins, il y a d'autres couleurs que le gris.

Comme d'habitude, je ne peux pas te parler des quelques émotions qui me restent car tout est lu et relu. La police essaie de savoir si je manipule les enfants, si j'excite les troupes en France. Bref, si je suis une agitatrice et criminelle professionnelle. C'est absolument désolant.

Remercie toutes les personnes qui sont impliquées autour de toi et qui me soutiennent. Cela me porte quotidiennement.

J'aimerais tant avoir un peu de répit de temps en temps avec un peu de tendresse, mais l'inferno continue. Alors il faut tenir, se préparer pour les combats encore à venir.

Merci pour tout ce que tu fais, pour ta présence auprès des enfants.

Quels enfants faut-il sacrifier pour en sauver d'autres ? La Couronne canadienne demande que ce soit Maximilien et Joséphine. Autrement, c'est celui que je porte qui sera puni. Quel choix ! Et dire que toutes les propositions sont faites, soi-disant, dans l'intérêt des enfants. Je pense plutôt que c'est la loi, dans son unicité, qui domine. Si encore c'était une loi naturelle, celle dont parlait Rousseau, on n'en serait pas à la situation actuelle. Mais de toute évidence, c'est bien de la loi livresque et de ses interprétations qu'il s'agit. Quelle pauvreté d'esprit ! Mon grand-père basque, qui était juge de paix, doit se retourner dans sa tombe.

Enfin, un jour, au moins, cette partie de mon histoire se terminera et j'entends bien me reposer avec toi et les enfants autour de moi. Cela changera des années de tornade.

Je t'embrasse avec quelques caresses en sus.

Nathalie

*
**

Enfin une bonne nouvelle : Nathalie a pu nous téléphoner le 20 mai à 20 h 46 (heure française) et parler avec ses enfants. Pendant dix minutes, Joséphine et Maximilien se sont bousculés autour du haut-parleur, annonçant fièrement leurs bonnes notes obtenues à l'école, racontant leurs joies et leurs peines, bafouillant, riant, voulant tout savoir sur la vie de leur maman en prison, lui répétant sans cesse qu'elle leur manquait. Un grand moment de bonheur dans la solitude de Nathalie, quelques minutes qui l'ont sortie de son isolement. Parler à ses proches lui a fait un bien énorme. Sitôt la communication terminée, elle a pris sa plume pour nous décrire son bonheur mais nous faire part aussi, hélas, de ses craintes d'une longue incarcération.

Autre fait nouveau : ma compagne a enfin rencontré un médecin, mais l'entretien a été très décevant. C'est ce que Nathalie me confie.

Surrey, le 20 mai 2006

Cher Francis,

J'ai pu voir le médecin hier pour qu'il fasse la visite du cinquième mois. Je lui ai fait part de mon angoisse pour l'enfant que je porte étant donné le stress quotidien. Il m'a répondu que je n'avais aucun souci à me faire car je suis mieux en prison que dans la rue. Le stress n'a aucun impact sur la croissance du bébé selon lui. En revanche, la drogue a un effet certain. Ce qu'il ne faut pas entendre ! J'avais envie de lui dire qu'il serait peut-être bien qu'on mette en prison toutes les femmes enceintes puisque cet environnement est tellement sain.

Aujourd'hui, la prison est bondée. Toutes les cellules sont occupées et onze femmes se retrouvent au trou car il n'y a plus de place. Interdiction de bagarres, autrement on est mises dans la section de la prison avec les malades mentaux. Génial ! J'en découvre tous les jours ! La province a fermé une prison pour femmes et la prison de Vancouver, résultat : ici, on est entassées comme des sardines. Si le confinement et la surpopulation créent les maladies, on est parti pour un tour. Je viens d'apprendre par la chef qu'il y a une épidémie de poux dans la prison. Le service de santé va venir inspecter toutes les têtes. S'il y a des poux dans notre appartement, tout le monde se fait raser la tête. Super génial ! Je t'enverrai une photo.

J'ai demandé au médecin ce qui pouvait m'advenir si je devais rester en prison pour la naissance du bébé. Apparemment, je serai transférée dans une autre prison ; quand ? Il l'ignore. Où accoucherai-je ? Aucune idée. Est-ce que je pourrai garder l'enfant avec moi ? Normalement oui. De nouveau il m'a assuré qu'être enceinte et avoir un enfant en prison était sain puisque je serai au moins suivie par des médecins. Si c'est le même suivi que jusqu'à maintenant, ça promet ! D'après ce que je comprends, la prison où je pourrais être transférée n'est pas opérationnelle à tous les niveaux, c'est la raison pour laquelle il ne peut pas me donner toutes les réponses. Dernier point, j'ai redemandé des vrais laitages et non du lait en poudre reconstitué. Le médecin m'a répondu qu'il y avait toutes les vitamines dont j'avais besoin dans le lait en poudre. Fin de l'épisode. Je pense que tu comprends la logique de l'institution.

Je t'embrasse. À un de ces jours dans tes bras.

Nathalie

Surrey, le 20 mai 2006

Chers enfants,

Aujourd'hui j'ai finalement pu vous téléphoner et j'étais vraiment contente d'entendre vos voix. J'ai aussi appris que Jean-Philippe était une vraie terreur.

Aujourd'hui, j'avais une audience pour déterminer quand le procès aura lieu. Comme j'ai choisi de passer devant la Cour suprême, je dois revenir la semaine prochaine, le 24 mai à 14 heures, pour voir si l'on peut déterminer une date. L'audience d'aujourd'hui était à la cour provinciale, qui est en dessous de la Cour suprême et moins puissante. J'ai choisi cette dernière pour avoir plus de chances d'être reconnue innocente, mais le procès se déroulera certainement après le mois de juillet. Il pourrait même avoir lieu l'année prochaine. Ne soyez donc pas trop impatients car tout prend du temps, mais pour la première fois depuis que je me suis séparée de Scott je vais pouvoir expliquer tout ce qui s'est passé. Ensuite, ce n'est pas un juge qui va décider tout seul mais des personnes de la Colombie-Britannique. Cela s'appelle un jury. Je vous explique tout ça car je pense que vous êtes en mesure de comprendre ce qui se passe, même si c'est difficile d'accepter que je sois en prison.

À part ça, je vais vous raconter encore des histoires de prison car j'y rencontre beaucoup de personnes et je vois les conséquences de certaines actions. Alors parlons aujourd'hui de frustration. Je sais que, parfois, lorsque l'on vous demande de faire quelque chose ou quand vous ne pouvez pas regarder la télé, vous êtes frustrés parce que vous ne pouvez pas avoir ou faire ce que vous voulez. Eh bien ! sachez qu'il faut apprendre à vivre avec des moments de frustration. Ici, en prison, je ne peux pas toujours faire ce que je veux. Il faut se lever à 7 heures, prendre son petit déjeuner, il faut faire son lit, la lessive, et ensuite je peux m'asseoir pour lire, par exemple. C'est frustrant, mais je suis obligée d'obéir. Un jour je sortirai de prison et je ferai autrement. Certaines filles que je côtoie détestent la frustration et elles ont volé pour avoir des choses qui leur plaisaient. Alors elles ont été mises en prison. Maintenant elles apprennent que, même si elles ont envie de quelque chose, elles doivent travailler pour se l'acheter. Ma collègue de chambre ne supporte pas la frustration et elle s'est mise à pleurer, l'autre nuit, car elle n'avait pas fini de faire ses pop-corn quand il a fallu rentrer dans notre cellule. Après elle a pleuré parce qu'elle voulait un bonbon. C'était vraiment ridicule.

Moralité : apprenez à être frustrés, ça peut servir dans la vie.

Je vous embrasse très fort. Travaillez bien, et plein de bisous à Jean-Philippe.

Maman

*
**

En France, je multiplie les actions auprès des élus et des politiques. Je reçois encore le soutien de Pierre Giraud, conseiller général de l'Ardèche, et de Michel Teston, sénateur du département. Celui-ci attire l'attention du Premier ministre dans une lettre qu'il lui envoie le 22 mai. Pour ma part, j'adresse aussi un long courrier, dans lequel je dépeins la situation dramatique de mon amie, à Stephen Harper, Premier ministre du Canada. Mais toutes ces démarches ne font guère avancer le dossier et Nathalie s'inquiète de plus en plus pour l'enfant qui doit naître.

Surrey, le 22 mai 2006

Cher Francis,

Ici, c'est toujours la même chose. Je suis maintenant avec une nouvelle, qui a travaillé comme prostituée pendant des années. Je n'ai aucune idée des maladies qu'elle porte mais aujourd'hui elle a ses règles. Nous avons un W-C dans la cellule. C'est le seul que l'on peut utiliser toutes les deux. Tu imagines les risques pour moi et l'enfant. Je désinfecte tout le temps.

Je suis responsable aussi de la lessive pour l'appartement. Je me suis portée volontaire de façon à maîtriser un minimum l'état des sous-vêtements que je dois porter. Je mets des gants en caoutchouc pour me protéger le plus possible.

En général, tous les jours passés en prison avant le procès comptent double (dans mon cas, tous ces jours peuvent compter pour rien, puisque les enfants ne sont pas rentrés au Canada). Au centre de détention de Surrey, les jours en prison peuvent être triplés puisque les conditions de détention sont particulièrement difficiles. Alors qu'on ne vienne pas me dire que je suis au Club Med. C'est plutôt, comme disent ici les filles, le « Club Fed » des « vacances du gouvernement fédéral ».

Chouchoute un peu ma mère et Joséphine demain, le jour de leur anniversaire. J'espère pouvoir être là pour leur prochain anniversaire. Mais qui sait ?

Fais encore plein de mamours à Jean-Philippe. Il me manque beaucoup, mais j'imagine qu'il a d'autres bras pour lui donner toute l'affection dont il a besoin.

J'attends patiemment le jour où je pourrai tous vous rejoindre pour reprendre un chemin plus tranquille.

Je t'embrasse tendrement.

Nathalie

*
**

Le 24 mai, Nathalie quitte enfin la prison de Surrey pour être transférée vers le centre de détention Alouette, à Maple Ridge, toujours près de Vancouver, où les conditions de vie sont, paraît-il, meilleures. Les autorités judiciaires et pénitentiaires canadiennes semblent enfin prendre en compte l'état de santé de ma compagne et les dangers que la rigueur de Surrey faisait courir à son bébé. La première lettre de Nathalie depuis sa nouvelle « résidence » est adressée à mes parents et à ma sœur. Elle ne leur dit rien sur son nouvel univers.

Maple Ridge, le 31 mai 2006

Chers beaux-parents et chère Dominique,

J'ai bien reçu vos cartes que j'ai pu afficher sur mon tableau d'affichage. Cela égaye un peu ma cellule et me permet de voyager mentalement.

J'apprécie toutes vos pensées et tous les services que vous avez pu rendre à Francis et à ma famille.

J'espérais pouvoir venir vous voir cet été en Bretagne avec la petite famille, mais il va falloir retarder ces vacances. Ce sera pour plus tard...

En tout cas, ici, en prison, je découvre un nouveau monde dont j'ignorais plus ou moins l'existence. Beaucoup de femmes ont vécu des histoires plus tristes que la mienne et je ne peux donc pas me sentir trop malheureuse, d'autant que, grâce à Francis, de nombreuses personnes me soutiennent moralement.

J'ai vraiment hâte de vous rencontrer, de vous serrer dans mes bras, et que tous nos enfants vous apportent un peu de joie.

Je vous embrasse tous les trois.

Nathalie

*
**

Voilà Nathalie installée dans sa nouvelle cellule, à Maple Ridge. Ce n'est pas le paradis, mais apparemment tout de même plus confortable que Surrey. En revanche, les rapports avec le personnel pénitentiaire ne s'améliorent pas. Nathalie me l'explique.

Maple Ridge, le 1er juin 2006

Cher Francis,

Cela fait maintenant une semaine que j'ai été transférée du zoo au safari. Je suis toujours en cage, mais j'ai plus d'espace pour me retourner. J'avoue qu'après avoir passé six semaines dans l'enfer du centre correctionnel de Surrey, j'ai eu quelques difficultés à m'habituer à mon nouvel environnement. Les premiers jours, j'avais l'impression d'être un animal tapi dans ma cellule : il m'était difficile d'occuper l'espace autour de moi et d'organiser ma journée.

Mon volume d'air ayant été restreint pendant six semaines, et le rythme quotidien ayant été scandé pendant six semaines par les enfermements répétés en cellule, j'avoue que je n'avais même plus le goût de sortir pour m'aérer. Les premiers jours, j'avais l'impression d'être une somnambule, marchant sans pouvoir traiter l'information autour de moi. Petit à petit, les sensations reviennent, les réflexes de survie se remettent en place. Je comprends mieux maintenant la peur des prisonnières avant leur sortie de prison. Il leur faut réapprendre à fonctionner dans la société et ce n'est pas évident quand toutes les libertés nous ont été enlevées et quand nos droits les plus élémentaires sont bafoués.

Je m'habitue donc, petit à petit, à mon espace, mais les imprévus sont une constante dans cet environnement. Quand je pense avoir compris certaines choses, d'autres événements surviennent et remettent en cause la grille d'interprétation que j'essaie de mettre en place.

Par exemple hier, après avoir téléphoné à l'avocate, que je n'arrivais pas à joindre depuis deux jours, je suis arrivée à 17 h 7 à la cafétéria pour le dîner du soir. D'habitude, les portes ouvrent à 17 heures. Mais, et je ne sais toujours pas pourquoi, hier la plupart des femmes avaient terminé leur repas beaucoup plus tôt. Résultat : la garde m'a refusé l'entrée. Trop tard. J'ai eu beau lui expliquer que j'étais enceinte, rien à faire.

Aujourd'hui, à midi, nous avions des hamburgers. Je n'ai mangé que la moitié du mien. Si je mange trop à la fois, mon bébé étant déjà assez haut, j'éprouve des remontées gastriques. Je suis donc sortie de la cantine avec la moitié de mon hamburger dans un papier. Je comptais le terminer plus tard dans ma cellule. Peine perdue : à la sortie du réfectoire, la garde m'a demandé de le mettre à la poubelle, car il est interdit d'emporter de la nourriture dans sa cellule.

Je lui ai expliqué ma situation, mes soucis de femme enceinte : j't'en fous, elle m'a dit de faire une demande auprès des services de santé. J'ai donc mis la moitié de mon burger à la poubelle. Voilà, les gardes ont tout pouvoir ; il n'y a pas de règles écrites et chacune fait à sa guise avec nous. Réjouissant !

J'ai vu le consul et Cécile Walck. Mon transfert les a surpris. Et moi donc ! Je l'ai appris le mardi soir à 9 heures, alors que je demandais à quelle heure aurait lieu mon audience prévue pour le lendemain. J'ai eu très peur que ce transfert n'ait pour seul but que de me faire manquer cette audience. Des détenues m'ont dit que ce genre de manigances étaient courantes pour faire gagner du temps à la justice. D'ailleurs, le mercredi j'ai effectivement appris par l'avocate que l'audience avait été annulée.

Une garde m'a aussi confié que mon déménagement n'avait été décidé qu'à la dernière minute. Les autorités pénitentiaires s'y opposaient sous prétexte que mon affaire est médiatisée. Dans de tels cas, les prisonnières sont généralement isolées afin qu'aucune information ne circule, qu'aucune publicité n'entoure leur affaire. Isolées, cela veut dire au trou. C'est ce qui a donc bien failli m'arriver. J'ai fini par être transférée mais, si je n'avais pas été enceinte, j'étais bonne pour le mitard jusqu'à mon procès. C'est du harcèlement et de la torture, je ne vois pas d'autres mots. Ces méthodes pour faire craquer les prisonniers sont courantes en Colombie-Britannique, province par excellence du Far West.

Une prisonnière me les a détaillées. Je te raconte son histoire.

Cette femme va régulièrement pêcher avec un oncle qu'elle apprécie. Mais il a un double visage et, paral-

lèlement à une vie de couple d'apparence paisible, il est aussi mêlé à des trafics de drogue.

Il y a quelques mois, la police a saisi son bateau qui transportait deux tonnes de stupéfiants. En contestant un point de procédure, l'oncle a réussi à s'en tirer et à éviter les poursuites. Mais, depuis, la police ne le lâche pas et fait tout pour le faire tomber.

Connaissant les liens qui l'unissent à sa nièce, les policiers n'ont cessé de harceler celle-ci pendant de nombreuses semaines afin qu'elle leur livre des informations sur son oncle qu'elle jure ignorer.

D'abord ils l'ont arrêtée de nombreuses fois, la nuit, chez elle, alors qu'elle vit seule avec sa fille de quatorze ans. À chaque fois elle a été placée en garde à vue quelques heures, puis relâchée, faute de mandat d'arrêt.

Ensuite, les policiers sont allés menacer son employeur, lui affirmant qu'elle était une trafiquante et que lui-même pourrait être suspecté s'il ne la licenciait pas. La mort dans l'âme, le patron s'est exécuté pour ne pas avoir d'histoires.

La vie de ma voisine de cellule est alors devenue un calvaire. Elle était suivie en permanence et a fini par être arrêtée avec un mandat en bonne et due forme. Au début, elle a nié tout ce qu'on lui reprochait.

Sa voiture a alors été saisie et démontée pour voir si des caches pour la drogue n'y avaient pas été ménagées, sa fille a été confiée aux services sociaux et des policiers sont venus, régulièrement, lui proposer de l'argent pour qu'elle parle des activités de son oncle.

Les gardes de la prison lui ont refusé nourriture, matelas, couverture et papier toilette. Voilà plusieurs mois qu'elle subit ce régime en attendant qu'une date soit fixée pour son procès. À trente-huit ans, à court d'argent, elle a dû vendre sa maison ; elle n'a plus rien. Alors, bien qu'elle continue à affirmer son innocence, elle a fini par craquer, elle s'est résignée à plaider coupable sur quatre des chefs d'inculpation qu'on lui a attribués. En adoptant cette attitude, elle a accéléré la procédure et diminué les peines encourues. Elle vient d'être condamnée à sept mois de prison. C'est-à-dire que dans quatre mois elle pourra retrouver sa fille qui, semble-t-il, supporte mal cette situation et ne va pas bien du tout. Mais cette femme n'en aura pas fini pour autant avec la police. Elle sait que les policiers ne la lâcheront pas.

Comme tu le vois, je ne suis pas la première victime du « terrorisme légal » de la justice britanno-colombienne.

Autre chose, j'ai également reçu une réponse de la direction de la prison de Surrey suite à l'incident du 8 mai, alors que toutes les femmes de notre appartement avaient été enfermées. En résumé, j'avais le choix entre m'exposer aux violences physiques d'autres détenues si je changeais de cellule, ou subir les brimades de l'institution si je demeurais en la place. Comme j'ai choisi de rester, j'ai été enfermée ; normal ; point final, on ne discute pas. Je pense qu'il aurait mieux valu expliquer aux autres filles que je n'étais en rien concernée par leurs histoires et leurs règlements de comptes.

J'ai à nouveau pu voir le médecin. En huit semaines d'incarcération, j'ai pris un kilo. J'ai régulièrement des contractions et je suis très fatiguée. Le docteur m'a donc ordonné de me reposer et de rester allongée tous les après-midi. Je ne vais donc pas travailler, mais, surtout, je ne peux plus aller aux audiences de le cour de justice, qui ont lieu à l'extérieur de la prison, car je ne supporterais plus les déplacements.

Comme le procès doit durer une dizaine de jours, il faudra attendre la naissance du bébé avant son ouverture. J'ai aussi une infection urinaire. J'attends les résultats du labo mais, à ce jour, je n'ai toujours pas de médicaments, et je suis vraiment épuisée. Aujourd'hui, je pleurais comme une Madeleine. Sans raison, simplement de fatigue. Je n'arrive plus à récupérer et je m'affaiblis de jour en jour.

Mon système immunitaire est à bout et je redoute le pire. En effet, j'ai appris dimanche dernier qu'il y a une épidémie dans la prison : une infection de la peau très contagieuse contre laquelle même les antibiotiques les plus puissants ne peuvent rien. J'ai appris l'existence de cette épidémie par hasard, lorsque le service de santé m'a convoquée pour un prélèvement de peau. Une jeune femme médecin m'a également demandé un échantillon de salive. J'ai refusé les deux prélèvements car les procédures ne me paraissaient pas claires. Effectivement, j'ai appris que le médecin était une étudiante en médecine qui profitait de l'occasion pour faire des recherches, omettant de préciser aux détenues que leur participation était facultative. J'étais outrée d'apprendre que cette étudiante pouvait récolter des informations sur l'ADN des prisonnières sans leur accord. De nouveau je suis passée à deux doigts du trou, car l'étudiante avait l'aval des gardiens pour procéder à ces tests, et ils n'ont pas apprécié que je les refuse.

Ceci confirme que le système de détention est complice des chercheurs qui prennent les prisonnières pour des rats de laboratoire.

Voilà, les affaires continuent et je survis. Je sais que tu te bats comme un beau diable et que beaucoup de personnes te suivent. C'est vraiment encourageant.

Fais plein de bisous aux enfants, et plein de tendresse à Jean-Philippe.

Je t'aime très fort.

Nathalie

*
**

En France, les gendarmes de la compagnie de Tournon et du groupement de Privas, renforcés par des éléments de la section de recherche de Lyon, ont reçu mission de retrouver les enfants Gettliffe afin de les rendre à leur père, comme les tribunaux canadiens et français l'exigent. Leur tentative de récupération a échoué. Alerté à temps, je suis parvenu à placer Maximilien et Joséphine en lieu sûr. Mais l'alerte a été chaude. Au même moment Nathalie, qui ignore encore l'incident, écrit à ses petits.

Maple Ridge, le 3 juin 2006

Chers enfants,

J'ai déménagé dans une autre prison, comme vous le savez, où je rencontre de nouvelles personnes. Il y a une femme qui fait de superbes colliers et boucles d'oreilles avec des perles. Demain, je vais lui en acheter et travailler avec elle. J'espère que je pourrai vous envoyer ce que je vais faire.

J'ai maintenant de nouvelles chaussures grises et bleues qui ressemblent à des vans. Si vous les voyiez, vous seriez jaloux.

J'ai reçu des photos de vous, Jean-Philippe et Francis. Max est tout beau avec sa coupe de cheveux.

J'ai aussi reçu une lettre d'une maman de l'Ardèche qui s'est occupée de faire signer des pétitions pour ma libération. C'est vraiment très gentil de sa part.

J'espère que vous êtes bien entourés, et que je ne vous manque pas trop. J'ai des nouvelles par Francis sur ce qui se passe en France. Les choses bougent, mais il va falloir être patient.

J'aimerais que le procès se déroule plus tôt que prévu. Pour le moment je n'ai pas de date, mais ce ne pourra pas être avant la naissance du petit. Alors il faut attendre, mais tout ça va passer, patience, patience.

Le plus important, c'est que nous savons que nous pourrons recommencer un jour notre vie en famille et essayer d'oublier tout ce qui se passe en ce moment.

Je vous aime très fort. Les gens m'écrivent pour me dire que vous êtes forts et qu'ils sont fiers de vous.

Prenez ce temps de « vacances » pour vous reposer, pour faire d'autres choses, et puis pensez à tous les endroits où vous aimeriez voyager. Peut-être qu'un jour nous pourrons visiter ces lieux ensemble.

Je vous aime très fort, bisous.

À bientôt.

Maman

*
**

Coup de théâtre : le 3 juin, Nathalie écrit au consul de France à Vancouver pour lui annoncer son intention de se présenter aux élections présidentielles de 2007, comme la loi l'y autorise. À travers cette démarche, elle compte lancer une réforme structurelle de la justice, attirer l'attention des médias sur son sort et améliorer ses conditions de détention tout en plaçant les autorités canadiennes dans l'embarras. Comment vont-elles gérer ce cas de figure et sont-elles tenues de se plier aux exigences de Nathalie ? Après tout, ce scrutin lointain ne les concerne en rien. Joli casse-tête diplomatique également pour le Consul de France.

Nathalie Gettliffe, Les Chaux,
07790 Saint-Alban-d'Ay (France),
présentement emprisonnée à
Alouette correctional Center for women,
PO – BOF 1000 Maple Ridge,
BC V2X7G4 Canada

Maple Ridge, le 3 juin 2006
Monsieur le Consul général à Vancouver
1130 – West Pender Street, Vancouver,
BC VEA4A4, Canada

Monsieur le Consul général,

Par la présente, je tiens à vous annoncer que j'ai l'intention de présenter ma candidature aux prochaines élections présidentielles de 2007. J'ai déjà obtenu cent quatre parrainages de maires de Savoie, de Haute-Savoie et de Drôme-Ardèche. Dans quelques mois, j'aurai les cinq cents signatures requises pour annoncer officiellement ma candidature. Citoyenne française et payant mes impôts tous les ans, je suis parfaitement éligible.

Mon programme se basera sur la dénonciation des injustices dont souffrent de très nombreux Français et la misère et les difficultés auxquelles ils doivent faire face quotidiennement.

Je m'attends à ce que vous preniez les dispositions nécessaires pour vous assurer que ma campagne présidentielle se déroule dans les meilleures conditions. Des locaux doivent aussi être mis à ma disposition au sein de la prison pour mon secrétariat et afin de recevoir les médias.

Le fait que je ne puisse pas faire campagne « en France » me cause déjà un préjudice et je compte sur vous pour que vous assuriez des conditions de campagne présidentielle similaires à celles des autres candidats, faute de quoi je pourrais saisir le conseil d'État pour entraîner l'invalidation des élections.

Je vous remercie par avance pour votre soutien et je vous prie d'accepter, Monsieur le Consul général, mes salutations les plus sincères.

Nathalie Gettliffe

*
**

Après avoir annoncé sa candidature à l'Élysée, Nathalie prend du recul, élargit le débat et se livre à une critique en règle de la société canadienne.

Maple Ridge, le 4 juin 2006

Cher Francis,

J'ai mis les photos des enfants et de toi sur mon tableau d'affichage et je les ai entourées de cartes venant d'un peu partout en France. Cela me permet de m'évader mentalement, de me sentir proche de vous et des personnes qui nous soutiennent. Les premiers jours j'avoue que j'étais sous le choc des photos. Ne vous ayant pas vus depuis huit semaines, il m'a fallu un temps pour me reconnecter. Rien que de regarder les clichés, j'étais épuisée. Tous les souvenirs des temps passés ensemble me revenaient et j'avais l'impression de vivre un deuil. J'arrive maintenant à imaginer de nouveau un futur mais j'aimerais parler un peu plus souvent aux enfants. Une seule fois j'ai entendu Jean-Philippe en huit semaines, c'est difficile. Deux conversations avec Maximilien et Joséphine dans la même période, c'est aussi douloureux. Il faut l'avoir vécu pour le croire, mais je comprends la peur des prisonnières les jours précédant leur libération : peur d'échouer, de ne pas être à la hauteur, de ne plus savoir fonctionner, communiquer.

J'ai accès à la radio et à la télé francophones, je ne peux pas te dire le bien que ça me fait. J'ai l'impression de revivre un peu car ici personne ne parle français. J'écoute un peu de musique et ça me berce toujours un peu l'âme.

La prison est un lieu où il faut s'effacer et où l'institution tente aussi de nous effacer tous les jours. Il faut donc essayer de s'affirmer, de garder ses valeurs, ses liens avec l'extérieur mais ce n'est pas évident – d'autant plus que mes liens sont avec la France et non plus avec le Canada. Je n'arrive toujours pas à comprendre pourquoi ce territoire a été et est toujours aussi néfaste pour moi et les enfants. « Ah, mon petit village, comme disait Ulysse, qu'il me tarde de te revoir ! »

J'avais un prof à la fac de français qui m'avait dit qu'étant un pied-noir « renvoyé » d'Algérie, il avait compris qu'en se déplaçant sur une terre étrangère il fallait être ami avec les autochtones. Je pense qu'il avait raison. Je viens de passer la journée avec les femmes amérindiennes sous le tipi de l'aigle – et ce que j'ai pu entendre est beaucoup plus sensé que tous les programmes télé nord-américains sur la justice, la police et les chasseurs de têtes (eh oui, ça existe encore). L'esprit colonialiste blanc est loin d'être du passé. Au nom de valeurs religieuses, le gouvernement canadien continue de violenter des populations entières.

Dans un premier cas de figure, ce sont les Amérindiens et leurs enfants qui ont payé et payent toujours le prix. Il ne faut pas oublier les massacres passés, comment les Anglais passaient d'une tribu à une autre des couvertures contaminées pour que les personnes meurent de la varicelle, comment les enfants étaient arrachés à leurs parents pour être « éduqués » dans les écoles religieuses où ils ont subi de nombreuses violences. Maintenant, c'est au tour des immigrés d'être les souffre-douleur. C'est sûr, certains s'en sortent. Mais si vous avez fait des enfants sur le sol canadien, ils appartiennent au Canada à n'importe quel coût. Et bien que le discours à la mode soit celui du multiculturalisme, le racisme est toujours d'actualité même s'il est délivré de façon subtile.

Côté institution correctionnelle, puisque les prisons sont supposées corriger, remettre les gens dans le droit chemin (surtout le chemin de la majorité), il existe des programmes que doivent suivre les prisonnières si elles veulent faire une demande de sortie anticipée. C'est le genre de programmes qu'enseignait la mère de Scott. Il faut au moins six personnes dans le groupe sinon la session est annulée. Les prisonnières sont donc obligées de suivre les cours dont certains sont horriblement ennuyeux. Et si elles sortent sans ce programme, on rajoute cinq jours à leur peine. Voilà comment on corrige les gens dans ce cadre-là, c'est plutôt corriger dans le sens de punir, bien sûr.

Côté soutiens de l'extérieur, continue à donner mon adresse ici. J'apprécie beaucoup les petits mots de chacun, même si je ne peux pas répondre. C'est un peu ce souffle quotidien qui me porte. Comme je suis toujours sous enquête policière, je ne peux pas parler librement aux personnes autour de moi. Le soutien des lettres m'aide donc à me sentir entourée...

Je pense à toi souvent. J'apprécie le courage de toute la famille. Tenez bon, j'espère vous rejoindre rapidement.

Mamours à Jean-Philippe.

Baisers pour toi.

Nathalie

*
**

Le moral de Nathalie semble remonter légèrement depuis qu'elle a changé de prison. Visiblement le régime de détention est plus souple et, surtout, elle se livre à plus d'activités. Sa formation universitaire reprend le dessus et elle s'intéresse aux femmes qui l'entourent. La perspective de l'accouchement doit également la motiver. Toutefois, elle espère que la police laissera ses enfants en paix durant l'été. Sinistre pressentiment.

Maple Ridge, le 5 juin 2006

Chers enfants,

D'abord, je vous serre très fort dans mes bras car vous me manquez beaucoup. Ensuite un gros bisou sur la joue et pour finir un autre gros bisou sur l'autre joue.

Ici, je commence à m'installer et à comprendre comment le système fonctionne. Je n'ai toujours pas pu apprendre à faire des colliers de perles car je n'ai toujours pas de perles. Mais j'ai appris à battre le tambour indien et à chanter des chansons indiennes. La semaine prochaine il y aura, s'il fait beau, une séance de transpiration sous un tipi indien afin de se purifier. Comme je suis entourée d'Indiennes, j'en profite pour apprendre plein de choses sur leurs peuples. Quand je reviendrai, je vous apprendrai tout ce que j'ai appris. J'ai même eu connaissance d'une variété de pommes de terre qui pousse ici, en Colombie-Britannique, à plus de 1 500 mètres. Apparemment, on ne la récolte qu'au printemps.

Encore des bisous pour vous.

J'espère pouvoir aller bientôt à l'hôpital pour passer une échographie, et j'espère que je vais pouvoir savoir si c'est un garçon ou une fille.

Dans ma chambre, je peux regarder la télé, surtout la chaîne francophone pour entendre du français car ici ce n'est que de l'anglais.

Je dois travailler en prison mais, comme j'attends

un bébé, je fais partie d'un groupe de recherche sur les femmes et la santé. On doit présenter notre recherche le 13 juin devant toutes les prisonnières et des personnes de l'extérieur.

Et vous, comment allez-vous ? Les beaux jours et les vacances arrivent bientôt et j'espère que la gendarmerie et la police vous laisseront en paix cet été. Ça fait toujours du bien de respirer. Profitez des bons moments avec les gens autour de vous. C'est une autre expérience qui va contribuer à vous rendre forts. Quand vous serez adultes, plus rien ne vous fera peur.

Écrivez-moi quand vous le pouvez.

Bisous. Bisous.

Maman

*
**

L'être humain est une belle machine capable de s'adapter à tous les environnements. Les conditions de vie de Nathalie sont certainement toujours aussi pénibles mais elle semble reprendre le dessus, mieux analyser et gérer la situation, tout en prenant son parti du temps qu'il lui reste à passer derrière les barreaux. C'est ce qui ressort de cette lettre adressée à sa mère.

Maple Ridge, le 6 juin 2006

Chère maman (et aussi Jean-Louis s'il est dans les parages),

Allô, ici le Canada ! Je continue à recevoir des lettres et j'apprécie beaucoup. Tu pourras remercier Florence car je reçois des lettres d'elle tous les jours. J'ai aussi reçu une lettre de Paul et d'Isabelle Lafarge. Si tu peux les remercier...

Eh bien, ça fait presque deux mois que je suis enfermée en attendant le procès. Deux mois, c'est à peu près le temps nécessaire pour écrouler une vie. La plupart des prisonnières, en l'espace de deux mois, auront perdu leurs enfants, leur maison, leur travail, leur voiture, leurs cartes de crédit, leur compte en banque. En deux mois tout est anéanti par le système, à moins d'avoir l'appui d'un membre de la famille. Les amis sont rares dans ces moments difficiles et peu s'impliquent pour gérer le quotidien d'une autre personne. Voilà un peu ce que j'ai pu constater autour de moi. J'avoue donc être très chanceuse d'avoir une famille « formidable ».

Francis peut aussi faire tourner la maison et les voitures. J'ai pu également m'appuyer sur Thierry à Vancouver. Il faut bien tout ça pour que la vie continue sans trop de ruptures à l'extérieur. Cela remet donc les choses en perspective par rapport aux décisions d'une communauté, d'un État, de mettre les personnes en prison. Non seulement il faut subir la punition d'être enfermée et de subir des violences quotidiennes et les risques de maladies, deux choses inadmissibles selon moi en prison, mais en plus il faut regarder son monde extérieur s'effondrer.

Il en faut donc, de la force, pour pouvoir tout reconstruire en sortant. S'il peut être compréhensible de vouloir punir une personne, il faut que ceux qui punissent soient prêts à réintégrer cette personne dans la communauté, autrement le cycle de la violence continue. D'ailleurs c'est bien souvent ce qui arrive, puisque 70 % des femmes qui sortent reviennent en prison dans l'année qui suit leur libération. La prison n'est qu'une punition très sévère qui ne peut pas soigner le malaise de ces femmes. J'ai souvent l'impression qu'on fouette par la prison des personnes malades ou en marge de la société. Sachant que nombre de ces personnes étaient nos voisins et seront à la sortie nos voisins, il est à se demander si tout casser est vraiment la solution.

La longueur des peines pose aussi question. Si en l'espace de deux mois on perd tout et que tout est à reconstruire, à quoi bon des peines d'un an, de dix-huit mois ? La réintégration sera tout autant difficile. Il faut peut-être mieux différencier les crimes.

Sur une note plus légère, aujourd'hui nous avons fait une thérapie de groupe par le dessin et la peinture. C'était très intéressant. L'animatrice m'a dit que mon dessin montrait une situation fragmentée et éclatée. Ce n'est pas peu dire : les enfants d'un côté, les parents de l'autre, le Canada, la France, etc. Il y avait aussi l'impossibilité de parler ; ça c'est une autre évidence. Difficulté de communication avec les enfants, Francis, la famille, incompréhension des autorités...

Bon, eh bien écrivez-moi régulièrement pour me raconter ce qui se passe à Satillieu, étant donné que mon « congé maternité » va se passer au Canada. Quel territoire ! Il ne m'aura pas beaucoup porté chance.

Je vous embrasse tous les deux.

Nathalie

*
**

Passage à vide pour Nathalie : pendant quelques jours elle n'a même plus envie de nous écrire. Il est vrai que dans sa nouvelle prison elle a plus facilement accès au téléphone et éprouve peut-être moins ce besoin de communiquer par courrier. Le 15 juin, pourtant, elle reprend la plume et envoie quatre lettres coup sur coup, à ses enfants, à sa mère et à son ami Jean-Louis, qui passent quelques jours de vacances ensemble dans le Midi. Nathalie s'en réjouit mais leur fait part de sa lassitude. Heureusement, elle se sait soutenue en France. Les nombreuses cartes qu'elle reçoit en témoignent et cela la réconforte. Dans la longue lettre qu'elle m'adresse également, elle dépeint, une fois de plus, les incroyables conditions de sa détention et raconte notamment que les prisonnières gardent et promènent les chiens des geôlières pour gagner quelques dollars.

Maple Ridge, le 15 juin 2006

Chers enfants,

J'ai bien reçu votre carte de Provence et je vois que vous voyagez plus que d'habitude. Profitez-en !

Pour ma part, je voyage par le biais des cartes postales que je reçois et je voyage aussi dans ma tête. Parfois je suis fatiguée de voyager, alors je regarde ce qu'il y a autour de moi et ce n'est pas très réjouissant. Comme je vous l'ai dit avant, je suis entourée de femmes qui ont commis des crimes principalement parce qu'elles se droguaient. Je vous encourage vivement à ne jamais toucher à la drogue car dans la plupart des cas cela mène à la prison, à la mort ou à des institutions pour les drogués.

En plus de ça, il est très important de rester à l'école aussi longtemps que possible, car beaucoup de femmes ont du mal à lire et à écrire. Elles ne peuvent pas travailler et commettent donc des crimes (souvent des vols) pour pouvoir survivre. Je suis donc très contente d'apprendre que Maximilien se met finalement à la lecture. C'est vraiment très important.

Vous pouvez m'écrire aussi un peu ce que vous faites, ce que fait Jean-Philippe, ça me permet de penser à vous et de voyager.

Vous avez dû apprendre que le procès devait avoir lieu au mois d'octobre, mais comme c'est trop près de la date d'accouchement il sera certainement reporté. Je verrai donc avec Francis comment s'organiser l'année prochaine.

Je n'ai toujours pas d'aiguille et je n'ai pas pu commencer à faire des bracelets et des colliers de perles mais ça ne saurait tarder.

J'ai appris quelques chansons amérindiennes et notamment les chants des guerrières comme L'Appel au loup. Je vous apprendrai tout ça en rentrant.

Bisous.

Nathalie

Maple Ridge, le 15 juin 2006

Chère maman,

Je vois que vous avez pris le soleil en Provence et que vous profitez un peu du chalet.

Voici la liste des personnes qui m'ont écrit : Pierre et Monique, Patricia, Patrick Gettliffe, Claudine et Jean-Yves et aussi Madeleine. Si tu peux les remercier...

Autrement, pas grand-chose si ce n'est que je dois avoir deux audiences, l'une pour mettre en place une meilleure date et l'autre pour l'appel de ma mise en détention.

J'avoue que je sature beaucoup en ce moment. Les gardes me tapent sur le système (il faut qu'elles me dérangent pendant ma sieste, soi-disant pour savoir si je vais bien), les autres femmes mettent la musique trop fort. J'aimerais bien avoir mon petit chez-moi car vivre constamment avec vingt autres personnes et cent personnes en tout commence sérieusement à me fatiguer.

Hier j'ai fait une chute de tension et j'avais des contractions. Aujourd'hui, je suis donc sur les genoux. J'espère que je vais pouvoir me reprendre la semaine prochaine. En général, le samedi je suis tellement K-O que je reste allongée toute la journée.

J'ai vraiment l'impression d'être dans une souricière avec l'impossibilité de me battre contre l'autorité au-dessus de moi et l'incapacité de fuir.

Je crois que même si la prison est dorée (plus ou moins d'espace), cela reste tout de même une prison où les personnes deviennent violentes face à la violence du système. C'est vraiment un monde de fous...

Enfin, prends bien soin de ton petit paradis et ne le laisse pas rogner par les imbéciles autour.

À bientôt chère maman.

Nathalie

Maple Ridge, le 15 juin 2006

Cher Jean-Louis,

Comment allez-vous, Monsieur le responsable de la logistique ? Je te fais part des gens qui m'ont écrit si tu peux leur répondre :

Alain Fromentoux, Patro sport, 200, rue de Dordre, 07340 Peaugres

Colette Legrat, 2, rue du 8-Mai, 87280 Chalus

Geneviève Guyonnet, chemin de Bouezy, 38300 (?)

Caroline Reiss (Lajous), 18, rue des Gasses, 69450 Saint-Cyr-au-Mont-d'Or

Autrement, comment vas-tu ? Je vois que tu te balades avec ma mère et compagnie. Fais-tu quelques guili-guili à Jean-Philippe ? Est-il coquin avec toi ? Toi qui n'as qu'un petit enfant pour le moment, te voilà plongé dans l'univers de Papyland.

Francis me tient au courant de toutes les actions que tu as pu mener pour moi et je te remercie de déployer autant d'énergie. Apparemment, Maximilien s'en sort plutôt bien à l'école. Ce sont de bonnes nouvelles.

Continuez à me raconter ce qui se passe en France car j'ai besoin de savoir que la vie continue. En effet, ici, c'est plutôt l'arrêt complet. Heureusement, j'ai le bébé qui grandit et qui me donne une direction, autrement j'aurais l'impression de toujours vivre la même chose.

Ici, le terrain ressemble à un camp militaire, mais quel désœuvrement... Rien ne fonctionne. On fait soi-disant de la recherche, sans ordinateur et c'est à peine si on a du papier. C'est vraiment attristant ! Et dire que je suis dans un centre correctionnel où l'on se doit de remettre les prisonnières dans le droit chemin. Nullité totale.

Profite du soleil. Ici il pleut tous les jours.

Je t'embrasse.

Nathalie

Maple Ridge, le 15 juin 2006

Cher Francis,

Désolée de ne pas t'avoir écrit plus tôt mais j'avoue que j'étais incapable d'écrire quoi que ce soit. Manque d'énergie, déprime. Cela fait dix jours que j'essaie de survivre en milieu hostile.

Aujourd'hui, je n'en peux plus d'être entourée de gardes sadiques qui me réveillent pendant ma sieste prescrite par le médecin. Apparemment, elles veulent savoir si je vais bien. Entre les haut-parleurs qui hurlent des noms toute la journée et la musique à fond dans les chambres, je sature. Je voudrais bien un brin de tranquillité pour me reprendre.

Hier, j'ai de nouveau fait une chute de tension et j'ai eu des contractions très douloureuses pendant deux heures. Comme les infirmières ne disposent pas de monitoring, elles ne savent pas trop quoi faire. À la rigueur, elles peuvent m'emmener à l'hôpital. Pour me soigner, j'ai eu droit à une boisson sucrée : apparemment cela fait remonter la tension. Donc, après une nuit mouvementée, j'avais besoin de me reposer pendant la journée, mais c'était plutôt raté.

J'avoue que je sature de toutes les idioties quotidiennes de l'administration, de la justice, des avocats. Tous les jours j'en apprends. Je pensais avoir tout entendu mais il y a des nouveautés en permanence. La prison est vraiment une caricature du fonctionnement de la société, c'est-à-dire prendre des gens sains et les rendre fous. Qu'on foute la paix aux gens au lieu d'essayer de tout réguler et tout le monde sera plus content.

Tu me demandais aujourd'hui pourquoi les chiens aboyaient près du téléphone. Eh bien, figure-toi que je suis dans un camp de travail (c'est le terme) et que nous devons choisir entre le jardinage, la couture, la recherche et les chiens. Le programme « chiens » consiste à promener les chiens des gardes, à leur donner des bains, à les nourrir, les faire dormir... dans les chambres s'il vous plaît ! Souvent, ils sont d'ailleurs sur nos canapés... Les prisonnières sont payées trois dollars par jour. Tu imagines : déjà être humiliée parce que tu es sous la baguette des gardes et en plus promener leurs chiens ! C'est vraiment le comble. Le mieux, je crois, c'est de savoir qu'ici il y a un programme bébé et que les chiens pissent à longueur de journée sur la pelouse où se promènent les enfants. C'est too much ! De la débilité à l'état pur.

Comme je te le disais, je suis dans un camp de travail et si je ne travaille pas je suis renvoyée à la prison de Surrey. Mais ce qui tue ici, justement, c'est le manque de travail. Il y a trois mille prisonnières qui passent par an ; les sentences vont de quelques jours à quelques mois, au plus deux ans, sachant que les filles ne font que les deux tiers de leur peine, donc seize mois au maximum. Tu imagines donc le défilé... D'ailleurs après seulement trois semaines dans cette prison, je vois déjà des filles qui étaient sorties revenir. Étant donné qu'il n'y a qu'un hectare de terrain et au moins une trentaine de filles dans le programme jardinage, tu peux imaginer que ces dernières ont vite fait le tour de la question. En plus il n'y a pas de spécialistes qui enseignent quoi que ce soit. Donc de nouveau ce n'est pas du travail, c'est de l'occupation. C'est les prendre pour des imbéciles.

Pour ce qui est de la recherche, nous, groupe de réflexion sur la santé des femmes en prison, nous n'avons pas d'ordinateur, pas d'imprimante, pas d'accès à la photocopieuse. La garde en chef vient de nous donner dix stylos, deux cent cinquante feuilles de papier, dix cahiers de brouillon. Nous sommes quinze et nous devons nous contenter de cela pour trente jours. C'est complètement ridicule. Il y a plein de femmes qui voudraient s'instruire, faire des recherches sur des sujets qui les intéressent et qui sont découragées au bout de quelques jours car nous avons peu de ressources à la bibliothèque et aucun accès à Internet. Autant être dans le tiers monde...

Ensuite, le grand gag, ce sont les programmes proposés aux prisonnières prétendument pour les aider à se réhabiliter et à devenir meilleures afin qu'elles réintègrent la société et se comportent de manière honorable. La plupart des programmes sont dirigés par des gardes, dont certaines ont du mal à lire ce qui est dans les livres. Rien d'étonnant à cela car leur formation ne dure que six semaines et le niveau bac n'est pas exigé. Tu imagines des programmes où il faut te confesser, dire si tu es accro à la drogue et raconter ta vie à quelqu'un qui, sitôt la séance terminée, peut te réprimander à n'importe quel moment et va, en plus, faire un rapport sur toi pour dire si tu peux sortir plus tôt. Tu peux comprendre que les filles ne sont pas motivées et qu'elles mentent pendant toute la durée des séances.

Ces programmes sont donc d'une efficacité redoutable. Ils sont parfaits pour apprendre à mentir. Mais les femmes sont obligées de les suivre pour qu'il y ait assez de personnes dans chaque groupe et que la prison puisse recevoir des subventions supplémentaires du gouvernement. Tu vois en conséquence combien les détenues peuvent être motivées. En plus, comme on les prend pour des idiotes, les programmes durent dix jours alors qu'en réalité en deux jours la matière peut être traitée.

Bref, alors qu'on devrait avoir les meilleurs professeurs pour remettre ces personnes dans le « droit » chemin, on leur propose des programmes à la noix présentés la plupart du temps par des personnes intellectuellement limitées.

Je pense qu'il serait beaucoup plus intelligent d'ouvrir ces femmes à d'autres modes de vie en les mélangeant avec des personnes de la communauté plutôt que de les laisser s'entretenir avec d'autres « criminelles ». J'ai vu un exemple de réussite quand une femme a eu la possibilité de se présenter devant le groupe de recherche de l'université de Colombie-Britannique lors d'un colloque sur les femmes et la santé. Elle est revenue transformée. Elle a vu ce qu'était un contexte universitaire, elle a parlé à des médecins qui l'ont écoutée, qui lui ont posé des questions. Elle s'est sentie valorisée, ses yeux pétillaient de joie à son retour car elle a eu accès à un monde qu'elle ne connaissait pas et qui l'a enthousiasmée. Ce sont de telles initiatives qui sont porteuses.

Bon, voilà pour mon côté réflexion. J'ai reçu de nouvelles photos de Jean-Philippe et il est toujours aussi beau. Je l'imagine bien coquin. J'aimerais pouvoir lui enregistrer des cassettes. Il faut que je rede-

mande au consulat si c'est possible. J'ai beaucoup de mal à localiser où il se trouve et donc où lui parler. Il me manque beaucoup.

Toi aussi, tu me manques beaucoup, et j'aimerais bien avoir quelques câlins de ta part pour moi et le bébé. Cela nous ferait grand bien.

Enfin j'ai l'impression que nous sommes un duo indestructible, tu te bats, je tiens bon. J'espère vraiment que nous sortirons grands vainqueurs.

Nathalie (alias Madame le Président)

*
**

Nathalie est très préoccupée par les problèmes que posent ou rencontrent les enfants. Cette lettre qu'elle m'adresse en témoigne encore.

Maple Ridge, le 16 juin 2006

Cher Francis,

Me revoilà plongée dans l'écriture devant mon tableau de cartes postales et de photos de toi et des enfants. Jean-Philippe a vraiment une bouille de coquin. Je lui fais des caresses et des bisous et je parle à mon bébé de ses frères et sœurs.

Cela fait maintenant un mois que je dois passer une échographie et toujours rien, même pas la moindre idée de quand elle aura lieu. C'est absolu-

ment désolant. C'est angoissant. Dès que j'aurai les résultats, je te les enverrai par le biais de l'avocate.

Ici, certaines femmes réfléchissent sur le moyen d'améliorer le système carcéral pour les femmes et leurs enfants. En effet, nous sommes considérées comme des hommes, les enfants sont absents (non pris en compte) lors des décisions de justice et encore plus absents dans le contexte carcéral, alors que plus de 70 % des femmes en prison sont mères de famille. Quel avancement de la femme-mère dans notre société ! La justice ne tient pas compte du statut particulier de la femme et l'emprisonnement est vécu par beaucoup d'entre elles comme une double peine puisque, en plus de perdre leurs libertés, elles perdent leurs enfants. C'est triste. Alors que pour beaucoup d'entre elles, les enfants sont leur raison de vivre quand elles sont libres. Après un emprisonnement, beaucoup abandonnent leurs petits car c'est trop douloureux et trop difficile d'avoir à renouer les relations mère-enfants. Aux États-Unis, on estime qu'un million et demi d'enfants ont une mère ou un père en prison. La différence étant que si le père est en prison, la mère continue à élever les enfants, alors que si la mère est en prison le père ne s'occupe pas des enfants ou il est tout bonnement absent, ce qui entraîne le placement des enfants dans des foyers. Souvent, ces enfants sont victimes d'abus puisque issus d'une population ayant plus de mal à se défendre. Bref, c'est une véritable catastrophe pour ces enfants, ce qui les pousse à devenir délinquants à leur tour.

La prison où je suis est une des rares qui offrent un programme où les mères peuvent garder leur bébé pendant au moins quelques mois, mais c'est loin d'être la panacée. Tout d'abord, les femmes enceintes et les mères ne sont pas isolées du reste de la population, qui en général est très malade. Les conditions d'hygiène ne sont donc pas particulièrement bonnes. De plus, bonjour le repos quand les autres femmes mettent la musique à fond, quand les portes claquent... On ne peut rien garder dans le frigo car tout y disparaît. Imagine vivre avec un bébé entourée de vingt autres personnes... C'est plutôt stressant.

C'est aussi stressant pour les autres prisonnières de voir des femmes avec leurs bébés en prison alors que les leurs leur ont été enlevés et qu'elles n'ont pas la possibilité de les voir. Je pense que le programme mère-bébé devrait être isolé du reste de la prison, de manière à ce que les mères et leurs enfants soient en paix (et aussi éloignés des chiens...).

À part ça, pas grand-chose de neuf. Aujourd'hui une garde m'a remonté les bretelles parce que j'avais mis sur l'enveloppe du courrier Nathalie Gettliffe alors que je m'appelle Nathalie Grant selon leur dossier. Je lui ai dit que mon nom était Nathalie Gettliffe et non Grant et que je n'y étais pour rien s'il y avait le mauvais nom, que mon courrier était adressé à

Gettliffe et que je recevais bien mon courrier. Peut-être que c'était à elle de faire une note de service pour que Gettliffe soit ajouté à Grant, voire qu'il le remplace purement et simplement. Cela fait six ans que je suis séparée, trois ans que je suis divorcée et je ne supporte plus ce Grant, cela me rappelle trop les années merdiques avec ce monsieur. Oublions ça.

Ici, c'est la pluie tous les jours et j'ai hâte de sécher mes os en Ardèche, même s'il faut en revanche arroser le jardin.

Je t'embrasse, te fais des câlins virtuels.

Je t'aime très très fort.

Nathalie

*
**

Les rapports avec l'administration pénitentiaire et les gardiennes sont toujours aussi détestables et Nathalie s'inquiète de plus en plus du sort de son enfant. Le médecin qui la suit commence à réclamer de sérieuses garanties mais la justice renâcle à les lui accorder.

Maple Ridge, le 22 juin 2006

Cher Francis,

Je reprends la plume pour te décrire la situation ici, en prison. J'appelle cette institution une conspi-

ration de l'État contre les plus vulnérables. Cette conspiration existe à de nombreux niveaux et la justice n'est qu'une arme pour légaliser ce terrorisme étatique.

Tout d'abord, au sein de la prison, de nombreuses gardes se croient investies d'un pouvoir pour écraser les prisonnières. Nous sommes des moins que rien et elles jouissent de leur pouvoir. Le dernier incident en date en est la parfaite illustration. Je finissais de manger mon sandwich quand une garde m'a ordonné de me dépêcher. Ce que j'ai fait. N'allant pas assez vite à son goût, elle m'a re-aboyé dessus pour que je me dépêche et j'avoue que j'ai craqué, étant particulièrement fatiguée ces derniers jours. Je viens de déménager dans une cellule où je suis seule mais les gardes me dérangent pendant mon repos de l'après-midi pensant que je dois travailler. La musique ou la télé sont mises à fond et j'ai vraiment du mal à récupérer. Je suis donc partie en pleurant de la cafétéria sans avoir terminé de manger, puisque nous avons interdiction d'emporter une partie de notre nourriture dans nos cellules. Je me suis assise dehors pour me remettre de mes émotions. La garde qui m'avait crié après est venue me demander de manière très désagréable quel était mon problème et pourquoi j'étais insolente. Je lui ai répondu que je ne pensais pas, à cette date, avoir été insolente avec personne, ni gardes, ni camarades prisonnières. Elle m'a dit que j'avais l'air ridi-

cule en train de pleurer. Je lui ai répondu que certains jours étaient plus difficiles que d'autres. Elle m'a dit que c'était ma faute si j'étais en prison. Je lui ai répondu que j'étais innocente puisque mon procès n'avait pas encore eu lieu. Elle s'est énervée en disant qu'elle ne croyait pas en la notion d'innocence avant un procès. Je suis partie en répondant que ce serait dans son intérêt de vérifier ce qu'il y avait dans mon dossier. J'ai fondu en larmes pendant une heure et, quand Thierry est venu me voir j'étais dans un état lamentable.

Bref, comme tu le vois, il est facile de terroriser quelqu'un de vulnérable. Je suis enceinte, en prison avec peu de ressources, et il suffit de peu pour finir de m'écraser alors que toutes mes libertés m'ont été enlevées.

Il y a aussi le terrorisme juridique qui se poursuit. La Couronne continue à dire que je n'ai pas de défense et que je veux un procès simplement pour faire traîner une résolution potentielle au conflit concernant la garde des enfants. Je ne vois pas comment je peux prendre plaisir à attendre mon procès, enceinte, accouchant en prison et contrainte de participer au procès quatre semaines ou plus après l'accouchement. Non, je ne suis pas maso. J'ai toujours recherché la paix pour les enfants et c'est pour cela que je suis venue pour une médiation en Colombie-Britannique. J'ai une défense béton et le procès public montrera toutes les déficiences du système juridique et le manque de protection accordé aux enfants.

Actuellement je ne peux pas me déplacer pour un procès avant l'accouchement. Je suis au repos tous les après-midi et je ne veux pas perdre mon enfant. Je demande simplement à me défendre, à être entendue par un jury et à ce qu'on attende que l'enfant soit né et que je sois remise en forme pour que le procès ait lieu. J'aurais aimé qu'il ait lieu plus tôt et que l'on me mette en liberté provisoire. Malheureusement, les conditions de ma détention ont contribué à la dégradation de ma santé et je ne suis plus en mesure physiquement de subir les allers et retours dans un panier à salade avec des menottes aux pieds et aux mains. Je ne peux plus me lever à 6 h 30 du matin, manger un morceau de pain et une orange, voyager pendant une heure secouée sur un banc métallique, attendre une heure et demie dans une cellule crasseuse où j'ai froid, où je sens l'urine et le vomi autour de moi, où je ne peux même pas m'allonger tellement le banc est dur, où les W-C n'ont pas de papier toilette, où le savon est inexistant, où la nourriture du midi m'est donnée par une ouverture en bas de la porte, où je n'ai aucune notion de l'heure, où personne ne me répond quand j'appelle. Et après une audience éreintante, je reste encore des heures à attendre, cette fois avec d'autres prisonnières récupérées dans la rue. Puis, c'est le départ pour une heure et demie de voyage sous la chaleur écrasante et le retour vers 19 heures en n'ayant mangé que deux sandwichs, deux fruits et peut-être bu un jus. Tout cela pendant dix jours, puisque le procès doit durer ce temps-là. Non, je ne peux pas, je ne peux plus, et souvent je me demande comment moi et l'enfant avons survécu.

Il faut vraiment croire en la cause pour ne pas abdiquer, car les pressions sont constantes. Plus d'une personne aurait lâché le morceau mais je ne vois pas comment je peux demander aux enfants de se battre seuls face à une secte alors que moi, en tant qu'adulte, j'ai dû fuir à bout de forces pour les protéger.

Je suis victime d'une grosse injustice mais ce sont les enfants, tous nos enfants, qui paient le plus haut prix et ceci au nom de leur intérêt.

Pour ce qui est du terrorisme institutionnel, cela fait quinze jours que j'ai demandé à ce que mon dossier médical soit copié et envoyé à mon avocate, au consulat de France et à toi (en tant que père de l'enfant). J'ai redemandé trois fois. Toujours rien. Des excuses ont été évoquées : on attend les résultats des analyses sanguines, on attend que vous passiez l'échographie, pourquoi est-ce que votre avocate a besoin de ces documents ?

J'attends aussi une lettre du médecin. Je sais qu'elle est écrite. Mais le service de santé ne veut pas me la donner. C'est évident, puisqu'elle dérange. Dans cette lettre, le médecin recommande de repousser le procès à la fin novembre de manière à ce que j'aie récupéré de l'accouchement. Il demande aussi à ce que je ne sois pas séparée de l'enfant et à ce que je puisse l'allaiter. Cela implique forcément que j'amène le bébé en cour de justice, qu'une pièce soit mise à ma disposition pour que je puisse allaiter et qu'une tierce personne (de la famille ou une prisonnière baby-sitter) s'occupe de lui pendant les audiences. Cela implique aussi que l'enfant et moi voyagions en voiture sans passer par le panier à salade.

Évidemment, ça dérange. Par conséquent, on refuse de me donner la lettre. Pour ce qui est du dossier médical, je suis sûre qu'il sera falsifié avant que les copies soient faites, car il y a d'autres éléments qui gênent.

On retarde aussi mon échographie pour que soit effacé le fait que pendant six semaines le bébé a cessé de grossir. L'institution veut croire que le bébé va rattraper son retard.

J'espère que le Premier ministre canadien va te répondre concernant tes requêtes. Pourquoi faire subir à notre enfant autant de maltraitances ? Ça, c'est criminel et c'est révoltant.

Je t'embrasse.

Nathalie

*
**

La perspective de l'accouchement et les conditions dans lesquelles il se présente deviennent obsessionnelles pour Nathalie. Cette lettre en témoigne.

Maple Ridge, le 23 juin 2006

Cher Francis,

J'apprécie de pouvoir te téléphoner plus souvent que lorsque j'étais à Surrey. J'aime entendre ta voix, tes émotions. J'ai l'impression de t'avoir momentanément à mes côtés.

Je suis en train de lire un livre qui reprend une partie de la correspondance entre Napoléon et Joséphine lorsqu'ils étaient séparés. Elle l'a souvent suivi sur les champs de bataille en laissant ses enfants en sécurité, mais certaines campagnes lui ont été interdites comme, par exemple, la campagne d'Égypte. C'est pendant cette dernière d'ailleurs qu'elle a fait une cure à Plombières-les-Bains pour tenter de remédier à sa stérilité. Mariée depuis deux ans à Napoléon, elle n'avait toujours pas d'enfant. Le Dr Martinet, qui l'a prise en charge, avait une explication très intéressante, basée sur l'observation de plusieurs patientes. Il avait remarqué que les femmes ayant été emprisonnées pendant la Terreur et placées dans des cachots étaient devenues pour la plupart stériles. Pour ces femmes, l'apparition de symptômes liés à la ménopause s'accompagnait d'une perte des « fleurs », ou règles. C'était le cas de Joséphine qui avait été incarcérée durant quatre mois à cause de son appartenance à l'aristocratie. Je pense qu'actuellement on pourrait expliquer ceci par le fait que le choc psychologique déclenche un dérèglement hormonal.

Pour ma part, je peux te dire que les premières semaines ont été un véritable choc pour moi comme pour l'enfant, à cause des procédures juridiques, mais également du milieu carcéral que je découvrais. Le plus dur a été cette disparité entre le discours d'une nation, le Canada, qui maintient un contingent de soldats de la paix dans le monde et n'a pas honte de proposer de telles conditions de détention. Physiquement, j'en ressens encore les séquelles. J'ai peu d'énergie, je me déplace lentement, je ne peux rien porter – même un classeur me fatigue. Je fais très attention aux maladies environnantes et j'essaye de m'en protéger car je sais que je serais complètement anéantie physiquement si je tombais malade. Heureusement, l'été est là. Je peux m'aérer, nous sommes moins entassées et la grippe a disparu. Malgré tout, les maladies de peau, le sida et les hépatites sont toujours bien présents.

Pour la deuxième fois, le médecin a recommandé aux gardes de ne pas me déranger. Voici le texte exact de la note qu'il leur a adressée :

« Nathalie présente des contractions précoces. Elle doit rester allongée sur son lit tous les après-midi afin de prévenir tout risque d'accouchement prématuré. »

Pour que les geôlières me laissent en paix, j'ai accroché un écriteau à ma porte. Malheureusement, elles lisent tout haut l'écriteau et me réveillent. C'est sans espoir.

Je t'embrasse très fort, mon valeureux guerrier.

Ta dame.

Nathalie

*
**

Le conflit avec le service de santé s'aggrave. Nathalie accuse.

Maple Ridge, le 24 juin 2006

Cher Francis,

Chaque jour qui passe confirme que les différentes administrations canadiennes essayent de me tuer, moi et l'enfant que je porte, afin que Maximilien et Joséphine deviennent des orphelins et rentrent au Canada. Ta plainte en ce sens auprès du Premier ministre est tout à fait justifiée.

Il y a deux jours, je t'écrivais que le service de santé ne voulait pas envoyer mon dossier médical à l'avocate, soi-disant parce qu'il manquait certains résultats d'analyses sanguines. Finalement, hier, l'infirmière m'a dit que les documents avaient été faxés et aujourd'hui, ô miracle, on me donne du fer. Cela confirme bien ce que je craignais : j'en manque, et cela fait au moins dix jours que ceux qui sont censés veiller sur ma santé en sont conscients.

Le médecin ne venant qu'une fois par semaine, les infirmières contrôlent tout et sont à la botte de l'administration. Je suis arrivée de Surrey, comme je te l'avais dit, épuisée. J'avais du mal à sortir de ma cellule pour aller travailler. Une semaine après mon arrivée, le médecin avait prescrit un arrêt de travail tous les après-midi. Elle (c'est une femme) m'avait envoyée voir la psychiatre car elle se faisait du souci pour ma santé mentale.

Malgré ce mi-temps, j'avais du mal à récupérer. Tous les samedis, je restais couchée toute la journée sans pour autant reprendre des forces. Chaque jour j'avais du mal à me lever, à écrire, à faire les démarches nécessaires pour le dossier. Je t'avais dit que j'étais lessivée.

La semaine dernière, le médecin m'a prescrit des suppléments vitaminés pour la grossesse, mais la fatigue a tout de même pris le dessus car j'ai eu des contractions pendant plusieurs heures en fin de journée. Je commence à penser que le service de santé fait partie intégrante de la conspiration menée contre moi par la Couronne en vue de m'affaiblir et de me forcer à plaider coupable.

Je te rappelle que cela avait déjà été la technique utilisée au centre de détention de Surrey, lorsque le médecin m'avait affirmé que tout allait bien et que c'était mieux pour moi d'avoir le bébé en prison plutôt que dans la rue. Il avait aussi certifié que j'avais pris du poids alors que la balance affichait exactement le même que le mois précédent. Pour lui, le bébé avait bel et bien grossi, alors qu'il était terriblement en retard de ce côté.

Je viens de voir une garde qui s'occupe personnellement de moi. Nous avons discuté de mes multiples problèmes avec le service de santé. Je viens de faire part de toutes mes inquiétudes, par écrit, à l'infirmière en chef. Je t'enverrai cette lettre plus tard, après l'avoir communiquée au Consulat de France.

Je t'embrasse très fort.

J'espère pouvoir être rassurée rapidement sur l'état de santé du bébé.

Je t'aime, merci de m'accompagner et de prendre soin de nous.

Nathalie

P-S : Pour information, la prison compte actuellement cent quarante-sept détenues, alors qu'elle est prévue pour en accueillir cent vingt. Les gardes et le personnel du service de santé étaient déjà surchargés mais aucun renfort n'est arrivé. La cafétéria était toujours bondée. Maintenant il faut faire la queue et nous devons manger encore plus rapidement. Il n'y a même plus assez de places dans les programmes de réhabilitation !

Et ce n'est pas fini : des mobile homes devraient être installés avant la fin de l'année. Bonjour l'enfer...

*
**

Incarcérée depuis plus de deux mois dans des conditions difficiles, Nathalie sait maintenant ce qu'est la prison. Mais elle n'a peut-être pas encore tout vu. Les récits de leur détention que lui font certaines détenues la terrorisent. Ma compagne fait bien sûr la part des choses. Sans mettre en doute les propos des prisonnières, elle sait qu'il faut les prendre avec prudence. L'exagération, voire l'affabulation, sont assez répandues dans les centres de détention et les milieux marginaux. On se souvient encore de l'affaire Baudis à Toulouse et des dégâts qu'elle a faits. Cependant, compte tenu de ce que Nathalie a déjà supporté et des conditions dans lesquelles l'instruction de son affaire est menée, je comprends parfaitement qu'elle panique devant la perspective de ce qui l'attend peut-être demain.

Maple Ridge, le 25 juin 2006

Cher Francis,

J'ai peur.

J'ai peur pour moi et pour l'enfant. Jusqu'à maintenant j'ai essayé de survivre tant bien que mal en essayant de comprendre ce système effrayant, et les personnes, gardiennes comme détenues, qui gravitent autour de moi. Je me faisais du souci pour ma santé et pour celle de l'enfant, mais aujourd'hui j'ai véritablement peur. Ce que j'apprends, ce que je vois, ce que j'entends est terrible. C'est pire que ce que j'ai pu imaginer.

Je t'ai expliqué dans la lettre précédente les problèmes que j'avais avec le service de santé qui ne me communiquait pas les informations dont j'ai besoin. J'ai menacé ce service de porter plainte si je n'obtenais pas de réponses à mes questions. Du coup, la garde en charge de mon dossier est venue me parler. Je lui ai exposé la situation, et j'ai adressé une lettre à l'infirmière en chef. Comme tu le vois, il y a de quoi devenir parano. Mais mon histoire n'est pas la pire...

J'ai eu des échos par plusieurs filles de la prison de Prince George, au nord de la Colombie-Britannique. Là, d'après ce qu'elles me disent, ce serait véritablement l'enfer, pire que les cachots mérovingiens. La prison des femmes se résume en deux petites unités confinées en bout de couloir, dans une sorte de grenier intégré au sein de la prison pour hommes. Les femmes y seraient enfermées vingt-quatre heures sur vingt-quatre. Elles n'auraient accès au gymnase que si les hommes veulent bien leur laisser la place pour quelques minutes. Comme ce centre de détention fait à la fois office de centre de tri avant un procès et de centre de détention provinciale, les prisonnières restent là de quelques jours à plusieurs mois, selon leur situation. Celles qui restent trop longtemps deviennent folles ou très violentes.

Les gardes auraient, me disent ces filles, constitué de véritables gangs et distribueraient de la drogue en ville, avec la complicité de quelques policiers. Résultat, si une personne se fait prendre pour un délit quelconque et qu'elle ne travaille pas pour l'organisation, elle est morte. Si tout cela est vrai, c'est terrible.

Dans ces conditions, les gardiens n'auraient que faire du sort des détenus. On raconte ainsi qu'un jour ils ont attendu dix minutes avant d'intervenir alors qu'une femme était en train de se faire massacrer par deux autres détenues qui l'avaient enfermée dans une cellule. Elle n'a été sauvée que de justesse. La scène ayant été enregistrée sur vidéo, les coupables ont pu comparaître en cour de justice, où elles ont écopé de plusieurs années de prison. Mais le plus incroyable c'est que, en attendant le procès, la victime et celles qui l'avaient agressée ont été laissées dans la même cellule. Cela paraît à peine imaginable mais, vu la façon dont l'on me traite alors que je suis enceinte, plus rien ne m'étonne.

Une autre femme recevait, elle, des lettres contenant des menaces de mort et les gardes ne sont jamais intervenues. Son appartement était si bruyant qu'elle a été victime d'une inflammation du tympan. Elle a réclamé un antibiotique auprès du service de santé. Mais avant de prendre le médicament, elle se serait rendu compte qu'on voulait lui faire boire de l'héroïne synthétique. Elle aurait refusé le breuvage. Heureusement, car n'étant pas une accro à l'héroïne elle serait certainement morte. Elle dit d'ailleurs qu'on a effectivement tenté de l'assassiner. Cela me semble un peu gros, mais va savoir.

Les histoires les plus folles courent dans les couloirs de la prison... On dit que policiers et gardiens n'hésiteraient pas à torturer les truands qui refusent de travailler pour eux. On raconte aussi que des prisonniers ont été extraits de leurs cellules prétendument pour recevoir des soins médicaux, mais qu'en fait ils auraient été conduits dans un entrepôt à bord de fausses ambulances, puis qu'ils auraient été drogués et torturés afin qu'ils avouent des meurtres qu'ils n'ont jamais commis. On leur aurait même prélevé des cheveux déposés ensuite sur les lieux des crimes comme preuve de leur culpabilité.

Des régions entières de la Colombie-Britannique seraient ainsi incontrôlées et livrées à des gangs. C'est compréhensible étant donné l'immensité du territoire, trois fois la France, et la faible densité de population : quatre millions d'habitants dont la majorité sont concentrés à Vancouver.

Sans présence militaire en Colombie-Britannique (la garnison la plus proche étant à mille kilomètres), je ne vois pas comment la sécurité peut être assurée pendant les jeux Olympiques si les gangs et les sectes infiltrent complètement le système juridique, le système correctionnel et la police.

J'ignore si les récits de mes compagnes détenues sont réels ou non, mais il est certain qu'il y a un fond de vérité. La situation est tellement explosive que les journaux demandent aux citoyens de s'impliquer pour trouver des solutions.

Un article paru le 25 juin dans le journal La Province *était titré : « Les villes de Colombie-Britannique assiégées par les criminels ». La police ne sait plus quoi faire, les maires ne savent plus quoi faire, les citoyens se transforment chaque jour en miliciens pour des résultats dérisoires. Même le port de Vancouver est tenu, lui aussi, par des gangs, asiatiques cette fois. C'est la porte d'entrée de la drogue qui est ensuite redistribuée sur le territoire américain. Autant te dire que cette situation commence sérieusement à énerver les Américains. Ils avaient bien assez à faire avec la frontière mexicaine au sud, ils n'avaient vraiment pas besoin de celle du Canada au nord. C'est pour cela qu'à partir de 2008 les Canadiens devront présenter un passeport pour pénétrer aux États-Unis. Les gens d'ici crient au scandale, mais les Américains ne veulent rien entendre.*

À partir de tous ces témoignages, je commence à comprendre comment fonctionnent les prisons provinciales. Je n'ose imaginer ce que je pourrais apprendre dans une prison fédérale, réservée aux détenues purgeant une peine de plus de deux ans. Ce doit être encore pire.

Tu comprends mieux l'ambiance ici en prison, la corruption du système carcéral et juridique, et les raisons de ma peur pour moi et l'enfant.

Je vais essayer dans les jours qui viennent de mettre des garde-fous en m'appuyant sur le consulat et des personnes extérieures de manière à ce que d'autres yeux suivent mon dossier. Toutefois, cela n'empêche pas que j'ai peur, car les injustices dont je suis victime sont le reflet de toute une administration corrompue. Le clan des Siciliens est un agneau docile par rapport aux témoignages que j'ai pu recueillir.

Je t'embrasse très fort mais je suis désarmée sans toi, mon bouclier.

Bisous, caresses,

Nathalie

*
**

À partir du 1er juillet, en plus de ses lettres, Nathalie prend l'habitude de m'envoyer les notes de son journal de bord. Je peux ainsi suivre au plus près l'évolution de son moral et de sa forme physique. Le 1er, jour de la fête nationale du Canada, l'apparition du Premier ministre à la télévision provoque chez elle une violente révolte.

1er juillet. Maple Ridge.

En ce Jour du Canada, je regarde les célébrations de l'événement sur la colline du Parlement à Ottawa. Harper, Premier ministre, apparaît souriant aux côtés de sa femme et de ses enfants. En le voyant, une violente colère monte en moi. Je décide de lui écrire pour lui faire part de mon indignation par rapport à la situation de ma famille : je suis en prison, les enfants sont en fuite, Jean-Philippe est avec sa grand-mère, Francis se bat comme un lion pour ma libération. La situation est explosive. La tension monte. Je rédige mon texte, mais les gardes de la prison refusent de le faxer au Premier ministre, alors qu'ils possèdent son numéro direct. L'administration pénitentiaire ne juge pas ma requête prioritaire. Il aurait fallu une menace à la bombe pour qu'on prenne ma demande en compte, m'explique-t-on. Au moins, la réponse a le mérite d'être claire.

Un peu de répit pour Nathalie :

2 juillet. Maple Ridge.
Mon oncle Valentin vient me voir. On discute fenaison et du mariage de sa fille prévu pour le mois d'août.

Grosse alerte médicale. Nathalie craint de plus en plus pour la vie de notre bébé.

3 juillet. Maple Ridge.
Je me sens mal ; le bébé est descendu, ses mouvements se réduisent petit à petit, je n'arrive plus à me déplacer. Les contractions sont de plus en plus douloureuses. Un drame se prépare.

*
**

Un autre drame se prépare également en Ardèche, mais personne ne le sait encore.

LE RETOUR DES ENFANTS AU CANADA

4 juillet. Saint-Alban-d'Ay

L'aube vient de se lever sur le petit village de Saint-Alban-d'Ay lorsqu'un groupe de gendarmes de la compagnie de Tournon, renforcé par des éléments de la brigade de recherche de Privas, se présente à mon domicile.

Je viens de sortir du lit. Un léger parfum de café flotte dans ma cuisine. Les gendarmes me connaissent parfaitement. En ma qualité de journaliste au *Dauphiné*, je les croise sur la plupart de leurs enquêtes. La mission qu'on leur a confiée les gêne et ils ont bien du mal à dissimuler leur embarras. Sur instruction du procureur de la République de Privas, Christophe Raffin, ils doivent m'interpeller puis me placer en garde à vue dans les locaux de la gendarmerie de Tournon, où je dois être entendu sous différents prétextes plus vaseux les uns que les autres : dissimulation d'enfants, entrave à la bonne marche de la justice...

En fait l'opération n'a qu'un but : me neutraliser, me couper de mes contacts professionnels et politiques pendant que d'autres gendarmes vont récupérer Maximilien et Joséphine, les enfants de Nathalie, localisés en Savoie.

Pour donner le change, une perquisition est opérée en bonne et due forme pendant plusieurs heures dans ma maison. Toutes les pièces, sans exception, sont méthodiquement passées au peigne fin. Incrédule, je me demande vraiment ce que les limiers peuvent bien chercher. L'arme du crime ? Le seul crime dans cette histoire est celui d'une mère qui veut soustraire ses enfants à l'emprise d'une secte. Alors quoi d'autre ? Les preuves que Nathalie ne veut pas se plier aux différents jugements qui lui ordonnent de remettre ses petits à leur père ? Mais elle ne cesse de le clamer, ce n'est un mystère pour personne, et c'est même pour cela qu'elle est emprisonnée au Canada ! Ce déploiement de force, cet excès de zèle me paraissent totalement ridicules et je ne manque pas de le faire savoir. Mais les militaires ont reçu un ordre et ils doivent s'y tenir, même s'ils s'interrogent sur son bien-fondé.

Leurs recherches terminées, les gendarmes emportent uniquement l'ordinateur portable de

Nathalie qui contient tous ses dossiers juridiques et les preuves que la médiation internationale se poursuivait. Ils me prient alors de les accompagner, m'épargnant toutefois les menottes. Durant le trajet, l'atmosphère est pesante dans le véhicule de la gendarmerie.

Arrivé à Tournon, je suis immédiatement introduit dans un bureau où une longue et fastidieuse audition commence. Pénible pour tous, elle ne sert à rien puisque pour les gendarmes je n'ai qu'une chose à cacher, et chacun le sait, c'est l'endroit où se sont réfugiés Maximilien et Joséphine pour échapper à leur père. Or, j'ignore où ils se trouvent. De toute façon je ne compte pas révéler le moindre indice aux enquêteurs, personne n'en doute non plus. Beaucoup de temps et d'énergie perdus pour rien !

En apparence. Car, isolé du monde extérieur, délesté de mon téléphone portable, je suis hors circuit et ne peux plus agir alors que je me doute bien que quelque chose se trame, qu'une opération va certainement être lancée pour récupérer les enfants. Et là je ne peux rien faire, je suis ligoté, bâillonné. Impossible d'alerter les élus qui m'ont soutenu, et notamment le président du Sénat, Christian Poncelet, ou le député de Paris René Galy-Dejean, ni même d'en appeler au chef de l'État, qui m'a personnellement assuré de son soutien dans cette affaire : toute communication m'est strictement interdite. Cette neutralisation constitue la phase numéro un d'un vaste plan.

*
**

Dans sa prison, à des milliers de kilomètres de là, Nathalie ne se doute pas que la justice, hélas pour elle, est en marche. Elle s'inquiète surtout pour le bébé qu'elle attend mais s'étonne tout de même de ne plus pouvoir me joindre par téléphone. Ce silence lui semble anormal. Elle le note dans son journal.

4 juillet, Maple Ridge.

J'essaie de téléphoner à Francis mais personne n'est au poste. Le bébé ne bouge plus. Je contacte les services de santé qui me déplacent immédiatement à l'hôpital pour voir un gynécologue-accoucheur. Après deux heures et demie de suivi des mouvements du fœtus, et une analyse d'urine, je repars en prison avec, finalement, des antibiotiques pour mon infection urinaire. Cependant, le service de santé de la prison ne me donnera les médicaments que le lendemain soir.

*
**

5 juillet. Saint-Alban-d'Ay (Ardèche). Albertville (Savoie)

Ma garde à vue a été prolongée de vingt-quatre heures. Toujours détenu à la gendarmerie de Tournon, je dois être présenté le 6 juillet à 10 heures au doyen des juges d'instruction de l'Ardèche, M. Bernard. Mais en ce matin de juillet l'action est ailleurs, en Savoie, à quelques centaines de kilomètres de là.

Grâce à des écoutes téléphoniques, à la localisation de téléphones portables et à quelques filatures, les gendarmes savent maintenant que Maximilien et Joséphine séjournent au domicile de parents lointains de Nathalie, dans un petit village près d'Albertville. Une formidable opération de police a été mise en place pour les récupérer. Totalement démesurée.

Des repérages photographiques des abords de la maison ont été effectués par hélicoptère. Puis, au lever du jour, le 5 juillet, près de cent vingt gendarmes ont été déployés autour du village. Une compagnie entière de gendarmerie a pris position dans un bois sous le commandement d'un colonel entouré de son état-major. Les routes d'accès à la commune ont été fermées et un barrage a même été établi sur la portion d'autoroute menant à

Albertville. Du délire. Les hommes de l'antigang des commissaires Leclerc et Broussard n'en avaient pas fait tant pour interpeller à Paris Jacques Mesrine, l'ennemi public numéro un dans les années soixante-dix. Un véritable plan de bataille pour aller cueillir au saut du lit deux malheureux enfants affolés de onze et treize ans.

Leur filet tendu, les gendarmes attendent que Maximilien et Joséphine quittent la maison accompagnés des deux adultes qui veillent sur eux pour les interpeller, avec ménagement toutefois. Encore heureux. Les hommes et les femmes qui interviennent sont en civil. Ceux qui sécurisent les lieux restent cachés et discrets. C'est la moindre des choses...

Tout le monde est alors conduit sous bonne escorte à la brigade de gendarmerie d'Albertville où Maximilien et Joséphine sont séparés de leurs anges gardiens. Ceux-ci sont placés quelques heures en garde à vue, afin de bien leur faire prendre conscience des risques et des peines qu'ils encourent s'ils persistent dans leur rébellion. Les enfants, eux, sont confiés à deux psychologues.

Apeuré, Maximilien reste silencieux et prostré alors que Joséphine, au contraire, se débat et répète qu'elle veut rester en France avec sa nouvelle famille. Elle assure qu'elle veut bien revoir son papa, mais seulement de temps en temps et explique aux médecins qu'après cinq ans passés en France, son grand frère et elle ne parlent plus anglais et que leur scolarité au Canada va être perturbée. Elle leur confie également qu'elle craint les amis qui entourent son père, les membres de l'Église internationale du Christ, mais ses protestations et ses suppliques ne servent à rien, il faut faire appliquer la loi.

Dans l'après-midi, pour les détendre, Maximilien et Joséphine sont conviés à un goûter organisé à la gendarmerie pour l'anniversaire du fils d'un gendarme. Cela ne suffit pas à leur redonner le sourire. Dans la soirée, ils sont conduits dans un hôtel de Lyon où leur père, accompagné d'un interprète et de l'incontournable médecin canadien, le Dr X, les rejoint.

Prévenu de l'opération, Scott Grant est arrivé depuis plusieurs semaines en France. Les retrouvailles sont très dures. Les deux enfants sont terrorisés. Joséphine pleure et supplie toujours pour rester en Ardèche. Mais rien n'y fait et, comme son frère, elle doit embarquer dans une voiture de location direction Paris, puis l'aéroport Roissy-Charles de Gaulle. Les enfants ne sont même pas autorisés, alors qu'ils le demandent, à faire un passage à Saint-Alban-d'Ay pour y récupérer quelques affaires personnelles auxquelles ils tiennent.

Au même instant, à Tournon, je suis toujours en garde à vue. Ce n'est que le lendemain que, estimant mon dossier vide, le juge Bernard refuse de me mettre en examen et de me placer sous contrôle judiciaire, comme le lui demandait pourtant le procureur de la République. En revanche, à la demande de Maître Dominique Chambon, mon avocat, il m'accorde le statut de « témoin assisté » qui me donne accès aux pièces du dossier.

*
**

Dans sa prison de Vancouver, Nathalie a appris par un coup de téléphone tout ce qui venait de se passer. Elle note ses premières réactions dans son journal et m'écrit aussitôt.

5 juillet. Maple Ridge.

« Le bordel le plus complet », me dit ma sœur lorsque je lui téléphone. Francis est en garde à vue. Personne n'a pu lui parler, que se passe-t-il ? Les enfants sont aussi sous le feu des gendarmes. J'imagine le pire sachant que Maximilien et Joséphine ne veulent pas rentrer au Canada et surtout pas avec leur père. J'imagine leur détresse mais je n'ai aucune information sur ce qui se passe. Je regarde les murs

de ma chambre, mon impossibilité à pouvoir aider les enfants n'en est que plus éprouvante. J'aimerais pouvoir les prendre dans mes bras, les réconforter dans leur détresse. J'ai envie de hurler. La monstruosité de leur renvoi, des personnes responsables de leur exil, n'est en fait que le reflet d'une société ayant abandonné ses valeurs fondamentales, dont la protection des générations à venir. Comment imaginer l'inimaginable ? Toutes les personnes au sein du gouvernement sont bien plus occupées à assurer leur survie que celles des plus faibles. Service public ? Fraternité ? Que de mots vides ! Pour le moment, je ne peux rien faire. Il va falloir attendre plus d'informations.

Maple Ridge, le 5 juillet 2006

Cher Francis,

J'ai appris aujourd'hui par ma sœur que tu étais en garde à vue et que M. Grant avait porté plainte contre toi. Je suis vraiment désolée de ce qui t'arrive. Peut-être pourrons-nous comparer nos expériences de garde à vue ? C'est à peu près le seul point positif que je vois.

J'ai aussi appris que la gendarmerie avait retrouvé les enfants. Je me fais beaucoup de souci pour eux. J'aurais aimé qu'ils soient épargnés et qu'ils n'aient pas à souffrir. Leur voix n'a jamais été entendue.

C'est désolant ! J'ai honte pour la France de la façon dont sont traités tous nos enfants.

Je ne peux analyser ta garde à vue qu'en terme de harcèlement des pouvoirs publics pour te faire taire. On me fait taire en m'emprisonnant. On t'emprisonne pour que tu te taises. C'est à peu près la définition d'une dictature : « Ta gueule ». La définition d'une démocratie étant « Cause toujours ».

Je suis fière de toi, de ton combat pour une cause juste. Nos enfants en sont conscients. Je suis sûre que Maximilien et Joséphine te remercieront plus tard, lorsque nous serons de nouveau tous réunis.

J'ai passé deux heures hier à l'hôpital car la tête du bébé est descendue et je ne le sentais pas bouger. Apparemment, le bébé va bien mais j'avais aussi fait une chute de tension. De plus, j'ai une infection urinaire que je traîne depuis plusieurs semaines. Finalement, aujourd'hui, le service de santé vient de me donner des antibiotiques.

J'espère que tu tiens le coup. Je suis avec toi. Une bataille a été perdue mais la guerre n'est pas finie. Patience, tout arrivera en son temps. Repose-toi. Apaise-toi.

Je t'aime très fort.

Nathalie

P-S : Tu sais, de toute façon, tout ce qui arrive émane de Scott qui cherche depuis sept ans à me faire payer le divorce. Il te fera souffrir autant qu'il fera souffrir les enfants pour qu'à mon tour je souffre.

*
**

Y a-t-il eu tractation entre les autorités judiciaires française et canadienne ? La restitution des enfants contre la libération de leur mère ? C'est probable, bien qu'officiellement rien n'ait filtré. Toujours est-il qu'au matin du 6 juillet, alors que ses enfants s'apprêtent à quitter la France avec leur père, Nathalie et son avocate entrevoient une possible libération. Ma compagne doit se rendre au palais de justice afin qu'une magistrate décide de son sort. Le transport s'effectue dans des conditions inhumaines.

6 juillet. Maple Ridge.

Réveil à 5 heures du matin pour un départ en cour de justice. J'avais demandé à mon avocate d'annuler mon déplacement pour l'audience à Vancouver. Les antibiotiques commencent à faire effet mais j'ai toujours des contractions. Peine perdue, les gardes me réveillent et m'ordonnent de me préparer. Je dois emballer toutes mes affaires personnelles, défaire mon lit, faire le ménage et me préparer à être éventuellement libérée. À 7 heures, petit déjeuner rapide, un bol de céréales, un verre de lait. J'étouffe, je ne peux plus manger et les shérifs s'impatientent, nous devons partir. Je suis menottée aux pieds et aux mains et dirigée vers l'arrière de la fourgonnette. Assise sur un banc en métal au-dessus des roues arrière, je suis ballottée dans tous les sens, je glisse et j'ai du mal à me rattraper. Arrêt dans la prison pour hommes et changement de fourgonnette. Je suis maintenant sur l'avant du véhicule sans climatisation. Les hommes, que je ne vois pas, sont à l'arrière. Ils hurlent : « De l'air, nous ne sommes pas des animaux qu'on amène à l'abattoir. Mettez le moteur en marche. » Ils frappent l'intérieur des parois. J'étouffe. Il fait trop chaud. Heureusement, j'arrive à me débarrasser d'une menotte et j'enlève mon sweat-shirt. Finalement, nous partons et je regarde, par le biais d'une fenêtre grandeur papier 21 × 27, le paysage de Vancouver défiler. Où me mène-t-on ? Quel sera le prochain arrêt ? Aucune idée.

Arrêt cellules de garde à vue de Vancouver. Les hommes descendent. Je reste. J'étouffe. Manque d'air. Départ de nouveau et direction Cour suprême. Je descends tant bien que mal en me retenant à tout ce que je peux pour ne pas tomber. Je suis enfin arrivée. J'ai parcouru soixante kilomètres en deux heures et demie. Il va falloir maintenant que j'attende 14 heures pour mon audience. Je suis enfermée dans une cellule de garde à vue. Le geôlier, généreux, me glisse une couverture. Je m'allonge sur le banc en résine et j'essaie de récupérer. On vient de m'enlever les menottes, de me fouiller, de me retirer mes chaussures. Je suis revêtue d'une robe mitée dont on a coupé la ceinture au cas où je voudrais me suicider. Je suis seule et « indépendante », puisque j'ai des toilettes et un lavabo, mais des caméras m'épient constamment. Quel est l'œil qui me regarde ? Aucune femme en vue !

14 h 15. Une garde me sort de ma cellule ; j'ai du mal à marcher. Mes hanches me font mal après ce « repos » sur un banc dur. Une trentaine de marches à monter et je me trouve devant la porte d'accès à la salle d'audience. J'attends. La juge arrive. On me laisse entrer. Je ne vois personne dans cette immense salle capitonnée de rouge. L'audience commence à 14 h 45. Mon avocate étant en retard, elle ne peut plaider pour ma mise en liberté car à 15 heures une autre audience doit avoir lieu pour déterminer devant un autre juge si le procès aura lieu en français ou sera bilingue. Je redescends dans ma cellule. J'attends. Je remonte d'autres escaliers pour atteindre une autre salle. Je me déplace cahin-caha. Je suis épuisée. L'audience débute et doit durer cinq minutes, car mon avocate et la Couronne sont d'accord sur le protocole linguistique pour le procès. Nous redescendrons ensuite devant le juge précédent afin que l'audience pour ma remise en liberté puisse avoir lieu. La discussion entre l'avocate et la Couronne débute, traîne, là pas d'accord en vue, un conflit naît, s'aggrave. L'audience pour ma remise en liberté conditionnelle est annulée. Je suis reconduite dans ma cellule en attendant la réponse du juge concernant le protocole linguistique. Résultat : le procès se déroulera devant un jury bilingue.

Les gardes me pressent, il est 18 h 30 : la fourgonnette qui doit me ramener au centre correctionnel l'Alouette est repartie. Je suis donc transportée en voiture jusqu'au centre North-Fraser où je la rattrape. J'implore la shérif de me mettre dans une cage à l'avant du véhicule pour éviter que je sois ballottée. Elle me le concède. Il me reste une vingtaine de kilomètres à parcourir.

Je suis de nouveau assise sur un banc métallique et je glisse d'un côté à l'autre. Mon ventre se tend. Les contractions commencent. J'essaie de respirer calmement. Rien n'y fait. Les douleurs sont de plus en plus vives. J'aperçois la route qui nous mène à Alouette. Je suis pliée en deux. Je craque. Je pleure. Nous sommes devant le service de santé de la prison. Les gardes accourent. Je n'arrive pas à me lever, je reste pliée en deux. J'attends que les douleurs s'atténuent. On me sort en me soutenant. Je demande à ce qu'on m'enlève les menottes et qu'on me donne à boire et à manger. Le repas de midi consistait en un hamburger et des frites. Je suis affamée et il est 20 heures.

On m'allonge sur la table d'examen. Je reprends peu à peu mes esprits et bientôt je rentre me coucher dans ma cellule. Les douleurs s'espacent et se font moins vives. Je me restaure un peu en avalant un plat de lasagnes congelées. C'est mieux que rien mais certainement largement insuffisant pour une telle journée marathon.

*
**

Nathalie a été informée de la situation en France. Elle manque malgré tout de détails.

7 juillet. Maple Ridge.
Francis est libéré et les enfants devraient être de retour au Canada. Apparemment, un pédopsychiatre les accompagne. Je suis rassurée. Je téléphone au consulat pour demander si une personne de leurs services peut accueillir les enfants à leur descente d'avion.

*
**

Nathalie se réjouissait de la présence d'un pédopsychiatre aux côtés de ses enfants. Elle doit déchanter. Ils ont certes été remis à un médecin spécialisé, mais il s'agit de ce personnage sulfureux, ce Dr X proche de Scott Grant et de l'Église internationale du Christ. Prêtre salésien défroqué, il a été, je l'ai dit, condamné quatorze fois pour de mauvais traitements infligés à ses patients. C'est lui qui a rédigé et remis aux autorités françaises le rapport certifiant que Maximilien et Joséphine pouvaient être confiés à leur père en toute sécurité et, malgré son passé, c'est lui qui va veiller sur le garçon et le fillette. En l'apprenant, Nathalie est atterrée.

8 juillet. Maple Ridge.

Un ami m'apprend que le pédopsychiatre présent dans l'avion était le Dr X, condamné à plusieurs reprises pour violences. Je m'effondre, j'ai envie de hurler. Comment la France a-t-elle pu remettre les enfants à ce personnage ? C'est impensable. Le ministre de la Justice était parfaitement au courant du profil douteux de cet homme. Alors pourquoi renvoyer mes petits dans une secte sous le couvert d'un pseudo-pédopsychiatre ? Les événements me dépassent.

*
**

En France, c'est la grand-mère des enfants, Joséphine Gettliffe, la maman de Nathalie, qui prend un coup de sang. Choquée par la façon dont Maximilien et Joséphine ont été remis à leur père, elle écrit au ministre de la Justice pour lui faire part de son indignation. Ayant relevé cinquante-quatre points de dysfonctionnement dans la procédure qui a permis de restituer ses petits-enfants à leur père, elle saisit également l'Inspection générale des services du ministère de la Justice, pour enquête. Voici le texte de sa lettre au ministre, puis les motifs de sa plainte.

Satillieu, le 8 juillet 2006

Monsieur le Ministre,

Sans que vos services ne m'aient jamais rencontrée, ni écoutée, alors que j'ai la garde de mes petits-enfants Maximilien et Joséphine depuis la mise en prison de leur mère Nathalie Gettliffe, le 10 avril, vous avez commandité leur renvoi dans une secte au Canada.

Ce renvoi dont vous n'avez pas eu le courage de m'informer, qui s'est déroulé dans des conditions irrationnelles d'abus d'autorité, est une abomination pour eux, pour moi, et pour ma famille, dont leur petit frère que je garde.

Ce qui aurait pu n'être qu'une erreur à laquelle il aurait fallu sacrifier s'est transformé en crime par votre mépris de ma personne, votre méconnaissance du dossier, la manipulation de la vérité effectuée par le procureur de Privas, la tromperie envers le ministère des Affaires étrangères, votre dédain des enfants, votre absence de réalisme et de bon sens.

Quelles que soient les décisions de la justice, des

enfants restent des enfants. Vous deviez mesurer le côté outrancier de leur capture et inhumain de leur départ sans un au revoir à leur petit frère ou à moi-même. Pourtant la possibilité de leur départ dans la dignité existait d'autant que, si vous m'aviez entendue, seule et en femme d'honneur, j'étais à même de régler le problème pour leur sauvegarde. Quand bien même il y aurait eu raison d'État, n'étais-je pas à même de la comprendre et de m'y plier ?

Je vous laisse la faute de n'avoir ni entendu les intéressés, moi au premier chef en l'occurrence, ni surtout les enfants, ni apprécié les dangers objectifs de la secte, mesurés par les membres de l'Assemblée nationale dont vous flétrissez le travail.

Je vous laisse le non-respect du droit dont vous êtes le garant, en n'attendant pas l'audience du 23 septembre sur la contestation juridiquement fondée de cette exécution.

Je vous laisse la honte d'avoir commandé cette opération injustifiée (en hommes et en moyens déployés) alors que je ne me suis jamais opposée au maintien du lien père-enfants que la médiation en cours devait finaliser.

Je vous laisse également le déshonneur d'avoir passé un marché de dupes avec le Canada qui n'a toujours pas libéré Nathalie. Seul son état de santé de femme enceinte qui empire est en mesure d'inciter les autorités canadiennes à la sortir de sa geôle pour se défausser.

Le mal est fait et même si la justice de mon pays est malade de « Outreau », même si je n'ai pas tout compris, faute d'explication, de la part de votre administration, je vous en tiens, Monsieur le Ministre, pour responsable.

Dans l'attente d'une réponse, de vos excuses, et de vous voir aussi efficace pour faire sortir ma fille de prison, je vous prie d'agréer, Monsieur le Ministre, avec mes remerciements, l'assurance de ma très haute considération.

Joséphine Gettliffe

*
**

Pourquoi une demande d'enquête auprès de l'Inspection générale des services ? Voici comment Joséphine Gettliffe la justifie auprès du ministre de la Justice, Pascal Clément.

À la réflexion tout, sur le fond comme sur la forme, me pose question. Aussi je me permets de vous faire part de quelques aspects qui me tiennent à cœur : la façon dont vous avez perçu la situation ainsi que celle, honteuse pour la France, dont vous avez fait conduire les opérations.

– Bases légales de l'exécution

Sur quelle base avez-vous renvoyé mes petits-enfants alors que leur mère est détenue en otage en prison à partir d'un billet d'écrou illégal signé par un membre de la famille de Scott ?

Vous n'êtes pas sans savoir que les décisions relatives à l'application de la convention de La Haye, que ce soit du tribunal de Privas, de la cour d'appel de Nîmes ou de la Cour de cassation n'ont plus cours puisque la demande d'application a été levée par le Canada dans la décision de la Cour suprême du 13 septembre 2004.

De même que la garde des enfants a été confiée à la mère, en France, avec droit de visite du père, et que le même Scott Grant a signé le document confirmant cette garde en France.

Avez-vous exécuté à la vue du document présenté par Scott, qui est un faux grossier puisque aucune action ne pouvait être engagée pendant la médiation internationale, appliquez-vous un texte irrecevable en France ou recevez-vous ordre de l'étranger, ce qui serait un comble pour un ministre de la République ?

Pourquoi, alors que Monsieur le Procureur était assigné devant le juge de l'exécution et que les décisions sur lesquelles le retour des enfants était ordonné faisaient l'objet d'une contestation juridiquement fondée, n'avez-vous pas attendu l'audience du 23 septembre, décidant ainsi de ne pas respecter le droit ?

– Connaissance du dossier

Sans doute n'avez-vous pas compris, comme votre prédécesseur, que le point de départ de cette affaire est l'emprise de la secte sur mon ex-gendre dès qu'il a été accroché, ma fille ayant seule senti le piège, et voulant s'en dégager. Mon ex-gendre, dans cette ambiance, a obligé ma fille à le quitter pour protéger ses enfants, alors que sa vie était là-bas (la preuve, elle a bien fait l'aller et retour en France en 2001), dans son travail d'universitaire et avec ses amis.

– Coordination avec le ministère des Affaires étrangères

Ma fille Nathalie Gettliffe, en médiation internationale, a été arrêtée illégalement, comme une terroriste, en Colombie-Britannique. Le ministère des Affaires étrangères n'a pas fait son travail de protection (c'est lui qui pilotait) et n'a pas protesté. D'autre part, vous l'avez flouée en affirmant que toutes les décisions étaient exécutoires et qu'il n'y avait plus de médiation internationale alors que celle-ci se poursuivait, y compris avec la fixation en France du domicile des enfants, approuvée par Scott en mars 2006.

– Convocation sournoise et confrontation avec Scott Grant

Pourquoi ai-je été convoquée à la gendarmerie de Satillieu le 21 juin sous le prétexte fallacieux de me communiquer les résultats de la Cour de cassation alors que ceux-ci n'intéressent que ma fille, et en profiter pour me demander si je voulais rendre les enfants (donc je les gardais bien), et si je m'opposais à leur remise au père ?

Pourquoi le procureur de Privas m'a-t-il déclaré, sur les marches du palais, le jeudi 6 juillet, qu'il n'y avait pas eu de confrontation avec Scott Grant ?

Cette confrontation qui a duré six heures a donné lieu à un procès-verbal que j'ai signé.

J'avoue ne pas savoir s'il s'agit de manipulation ou de pieux mensonges.

– Mépris du citoyen et absence d'écoute du justiciable

Je n'ai jamais été reçue par personne, de même que le procureur n'a jamais répondu à mes courriers. Je dois ajouter que mes petits-enfants, par avocat interposé, ont demandé à être entendus depuis cinq ans sans succès, au mépris de leur droit prévu par le code civil et la Convention internationale des droits de l'enfant.

Je n'ai jamais été entendue. Je n'ai été reçue que par un adjudant à la gendarmerie de Satillieu, même pas par le capitaine qui a fait office d'interprète lors de la confrontation. Est-ce que je suis indigne d'être écoutée ? Un entretien avec une Française coûte-t-il plus cher que la mobilisation d'un état-major et d'une compagnie ? Votre mépris et celui de votre administration sont coupables, ce même mépris qui a été mis en évidence dans une autre affaire récemment.

– Aucune anticipation de votre part

Pourquoi avoir laissé venir en France Scott Grant et l'avoir fait protéger par un capitaine alors qu'il venait de faire mettre son épouse en prison dans des conditions perfides et lamentables reconnues ? Il était venu sans problème l'été dernier et avait passé plusieurs jours avec ses enfants sans être inquiété. Le protéger de qui, de quoi ? Était-ce, de votre part, une volonté d'en faire une victime ?

– La possibilité d'arriver au départ des enfants dans la dignité existait

Pourquoi ne pas m'avoir convoquée pour me signifier les motifs du retrait de la garde des enfants que j'assumais, et me dire clairement qu'il fallait envisager un retour au Canada dans les meilleures conditions pour eux ? Pourquoi ne pas m'avoir proposé cette démarche et un calendrier pour une remise au père, dont j'ignorais la présence en France, au lieu de monter une opération militaire pour arrêter les petits comme des voleurs au milieu d'insouciantes vacances ?

Ai-je signé un document qui me précise cet aspect ? Non ! Comme vos magistrats, vous avez fui vos responsabilités ou, plus grave, manqué d'initiative.

– Destruction des actions menées par tous ceux qui ont contribué au retour des enfants dans la société

Avez-vous demandé au corps enseignant et aux différents encadrements des clubs les efforts accomplis pour stabiliser de nouveau Max et Jo après ces années difficiles ? Savez-vous combien il faut de temps pour refaire un enfant meurtri dans son âme, et combien il reste fragile ? Demandez aux gendarmes qui étaient en observation depuis plusieurs jours autour de la piscine si les enfants étaient malheureux avec leurs amis. En employant votre méthode, digne d'un autre temps, vous les avez sans doute de nouveau détruits. En tout état de cause, vous avez piétiné sans vergogne l'action des membres sociaux de notre pays.

– Action avortée du juge pour enfant

Un des moyens d'empêcher Joséphine et Maximilien de partir était de laisser le juge des enfants ouvrir une procédure. Pourquoi le procureur a-t-il fait pression sur cette juge pour qu'elle ne puisse intervenir le jeudi 6 juillet ? Son conseiller ayant rendu compte à plusieurs reprises au procureur, pourquoi celui-ci s'est-il acharné sur la juge pour lui interdire de me recevoir ?

– Retrait des enfants de l'école

Les enfants, très normalement scolarisés jusqu'au 23 mai, ont quitté l'école car leur mère était en prison et qu'il leur devenait insoutenable de se l'entendre répéter en permanence : avoir sa mère en prison ! Il fallait continuer à les protéger, ce que j'ai fait. Ai-je été entendue sur ce point ?

– Mélange entre les témoins et l'acteur

Le procureur vous a sans doute parlé d'enfants cachés. Qui lui a dit qu'ils étaient cachés ? Je n'ai jamais dit ni écrit que je les « cachais ». Vous avez confondu l'acteur que je suis et les témoins comme le compagnon de Nathalie ou d'autres personnes qui se sont investies pour apporter aux enfants une vie saine. Là encore, faut-il voir l'ignorance de la différence entre coupable et témoin ?

– Mauvaise décision

Sans doute par ignorance du dossier, vous avez mal décidé, Monsieur le Ministre. Vous avez été abusé par Scott Grant et la justice canadienne. Vous avez usé de votre pouvoir pour me mépriser et écraser la veuve que je suis et, partant, vous bafouez les règles de la défense du faible. Mais surtout, vous avez condamné deux petits Français dont j'ai eu tant de mal à stabiliser le moral. Si je n'ai jamais été entendue (quel que soit le niveau des procédures), j'ai vu ce qu'il en était de la secte lors d'un voyage alors que ma fille était sur place. J'ai connu les souffrances des enfants, les nuits de ma petite-fille dans le lit de son père alors que sa mère dormait sur un canapé dans le salon. J'ai constaté la présence permanente des membres de la secte et de leur gourou au domicile de ma fille. En renvoyant mes petits-enfants au Canada, vous en faites des esclaves, vous les détruisez.

– Des moyens disproportionnés et illégaux

Les Français jugeront de la façon dont vous avez opéré : repérage photographique par hélicoptère, écoutes téléphoniques, localisation des portables, filature, déploiement disproportionné des forces de l'ordre, intimidation... Dans notre démocratie, est-ce acceptable, alors qu'une mère est en prison, de placer son compagnon en garde à vue durant deux jours, et d'employer des méthodes guerrières pour rafler deux malheureux enfants ?

La force de la justice républicaine, outre qu'elle protège les faibles, est dans la recherche et l'appréciation de la vérité, non dans l'aveuglement ou une application de la force.

– Dégâts collatéraux

Vous avez détruit le nouveau foyer des enfants, où ils s'épanouissaient avec Francis Gruzelle. Il nous a fallu du temps pour les remettre à une place digne et humaine, comme en attestent tous ceux qui se sont investis dans cette reconstruction. Leur nouveau petit frère scellait l'union familiale. Notre famille, déjà éprouvée, n'avait pas besoin de tant de méchanceté.

Joséphine Gettliffe

*
**

Ignorant la démarche de sa mère, Nathalie en appelle, elle aussi, aux autorités. Estimant ses enfants en danger, elle perd patience, d'autant qu'elle se sent « lâchée » par son avocate. Elle demande de l'aide au Consul de France.

Nathalie Gettliffe
ACCW PO BOX1000
Maple Ridge, BC V2X7G4

Maple Ridge, le 10 juillet 2006
Monsieur le Consul de France à Vancouver,
Vancouver, BC, Canada

Monsieur le Consul,

J'ai bien reçu votre fax du 7 juillet 2006 et je vous remercie d'avoir contacté les autorités canadiennes concernant un suivi des enfants. J'ai malheureusement appris que la personne canadienne chargée de les suivre est le Dr X, personnage très proche de M. Grant, ayant des condamnations pénales pour violences sur enfants et ayant déjà rédigé de faux rapports au ministère de la Justice canadienne dans le cadre de la commission rogatoire sur les activités sectaires de M. Grant et le danger encouru par les enfants.

Je vous demande donc de poser une protestation formelle auprès des autorités canadiennes pour que le Dr X soit retiré du dossier concernant le suivi des enfants. Je propose qu'il soit remplacé par le Dr Carey, psychologue et professeur, parlant français et anglais. Il s'agit de mon directeur de thèse, avec qui j'ai collaboré de nombreuses fois pour des recherches. Il a déjà eu des contacts avec Maximilien et Joséphine en France et au Canada.

J'aimerais aussi avoir connaissance de la position du ministère des Affaires étrangères français concernant ma libération et l'arrêt des poursuites pénales contre moi.

Enfin, j'aimerais que vous téléphoniez immédiatement à mon avocate, Maître Gaffar, pour lui demander d'obtenir cette semaine une audience pour ma remise en liberté conditionnelle. J'avoue être très déçue par sa prestation ces dernières semaines. J'attends l'appel depuis fin mai, et l'audience du 6 juillet, où l'on devait décider ou non de ma libération, a été reportée au mois d'août car mon avocate était en retard. J'espérais ne pas avoir à me déplacer pour cette audience, mais Maître Gaffar a été incapable de me faire dispenser de ce déplacement. Cela fait deux mois que je lui demande d'embaucher un détective et cela n'est toujours pas fait. Je n'arrive pas à la joindre depuis jeudi soir alors que j'ai laissé de nombreux messages sur son répondeur. J'aimerais donc que vous fassiez pression pour qu'elle obtienne une audience cette semaine. Apparemment, le 12 juillet, la Couronne serait disponible.

Je vous remercie d'avance pour ces interventions et je vous prie de recevoir, Monsieur le Consul, l'expression de mes salutations les plus sincères.

Nathalie Gettliffe

*
**

Le 13 juillet, après m'avoir donné quelques nouvelles dans une nouvelle lettre, Nathalie apprend qu'elle va recevoir la visite de ses enfants.

Maple Ridge, le 13 juillet 2006

Cher Francis,

J'ai reçu aujourd'hui deux photos de Jean-Philippe où il est mignon comme tout, je pense que tu dois particulièrement apprécier quand il dort, d'après les dires de ma mère. Fais-lui plein de bisous pour son anniversaire. Il me manque.

Ici pas grand-chose de neuf. J'arrive à m'orienter un peu plus facilement. J'ai quelques facilités pour obtenir ce que je veux (téléphoner au consulat, envoyer des fax à notre avocat en France). Le système commence à se roder. Il y a toujours quelques batailles mais elles restent mineures. De toute façon, je crois que j'ai une bonne connaissance de ce que les uns et les autres feront et de ce qu'ils ne voudront pas faire. Cela permet de réduire le niveau de frustration.

Cela fait quelques jours que je suis très fatiguée et que j'ai du mal à récupérer, mais bon, je tiens encore.

Remercie encore notre avocat pour tout ce qu'il fait dans le dossier. Cela l'aura grandement occupé.

Ici, on vient d'arrêter une femme de soixante-dix-huit ans qui protestait contre la construction d'une autoroute pour les jeux Olympiques d'hiver de 2010, alors que celle-ci détruit tout un écosystème. Elle participait à une manifestation sur place avec d'autres personnes et elle est mise en prison sans accusation. On la relâchera seulement si elle signe un papier comme quoi elle ne retournera pas faire de manifestation, ce qu'elle refuse de faire. On peut donc la garder indéfiniment... Au moins, elle se sent dans une démocratie...

Je t'aime très fort et j'espère pouvoir un jour me reposer dans tes bras.

Nathalie

13 juillet, Maple Ridge.

M. Grant contacte la prison pour que les enfants puissent venir me voir le lendemain en compagnie du Dr X Autrement pas de visite. Contrainte, j'accepte.

14 juillet, Maple Ridge.

Je rencontre le Dr X avant de voir les enfants. Je lui demande quel est son mandat, et s'il compte faire un rapport de la visite. Il me répond en m'assurant qu'il veut aider notre famille. Cela aurait peut-être pu commencer par un rapport neutre à la commission rogatoire en 2002 ? Au lieu de prendre parti pour M. Grant, le Dr X aurait dû répondre à la question posée qui était claire : « Quelles sont les conséquences sur l'éducation des enfants de l'appartenance de M. Grant à un mouvement sectaire ? » Mais pour lui cette question ne se posait même pas puisque, aujourd'hui encore, il m'a assuré que l'Église internationale du Christ de Vancouver n'est pas une secte. Il est allé voir l'évêque de Viviers, Mgr Blondel, qui a téléphoné à l'archevêque de Vancouver pour confirmer cette version. Et les travaux des parlementaires français ? Et puis, de toute manière, il faut se centrer sur les comportements de M. Grant et non simplement sur le label...

Voilà, les enfants arrivent. Joséphine ravale ses larmes. Ils ont l'air complètement déboussolé. J'ai apporté des bracelets de perles que j'ai confectionnés. Ils sont ravis. Nous commençons ensuite une partie de cartes. Ils me parlent de leurs vacances formidables en France, de tout ce qu'ils ont pu faire. J'apprends qu'ils ont été entourés de gendarmes pendant toute leur garde à vue. Ils sont descendus dans la rue accompagnés de gendarmes, comme des criminels. J'en suis malade. Je leur donne mon adresse en prison et Joséphine me répond qu'elle ne pourra pas m'écrire. Son père a décidé d'archiver toutes les lettres envoyées pour les utiliser contre moi au procès. Je ne peux pas leur téléphoner ou leur écrire. Ne parlant que le français, ils s'épaulent l'un l'autre et tentent de surmonter cette épreuve. Je n'en saurai pas plus. Le Dr X écoute tout. Qui sait, peut-être aurai-je le privilège de les revoir la semaine prochaine ? C'est ce qu'ils ont demandé devant le Dr X, des visites une fois par semaine. Je n'y crois guère. Que dire d'une société qui ne protège plus ses enfants ? C'est la définition même de la décadence... Comment croire aux promesses des gouvernements...

*
**

Selon les informations de Nathalie, il y aurait bien eu un accord entre le Canada et la France concernant sa libération en contrepartie de la remise des enfants. Il semble avoir été oublié.

15 juillet, Maple Ridge.
Je suis toujours incarcérée avec de nouveau une infection urinaire non soignée. Selon les transactions entre le Canada et la France, j'aurais dû être relâchée puisque les enfants sont rentrés. Mais je suis toujours là. On tente toujours de me neutraliser comme si j'étais une terroriste. Quelle petitesse de la part des autorités !

*
**

La situation de Nathalie à Maple Ridge se stabilise. Elle reste hélas en prison mais verra ses enfants. C'est ce qu'elle explique à notre avocat en France.

De la part de Nathalie Gettliffe
Pour Dominique Chambon
Date : le 25 juillet 2006
Cher Dominique,
Quelques nouvelles du front. M. Grant a accepté d'amener les enfants à la prison tous les quinze jours en compagnie du Dr X, évidemment.

La prochaine visite aura lieu le 30 juillet.

J'attends de voir ce que donnera l'audience début août pour ma remise en liberté sous caution, et il faudra ensuite que j'avise sur ce qui pourra être fait côté juge des Affaires familiales, ici.

Merci encore pour tout ce que vous faites,

Nathalie

*
**

Au début du mois d'août, l'obstination des autorités canadiennes devient de plus en plus suspecte. Que désirent-elles, que cherchent-elles ? La France a cédé à toutes leurs revendications. Les enfants ont été enlevés à leur grand-mère par les gendarmes et remis à leur père. Ils sont rentrés à Vancouver comme les juges l'exigeaient. Malgré cela, alors qu'elle risque d'accoucher prématurément, Nathalie demeure en prison et rien n'y fait. Même l'intervention du président de la République, Jacques Chirac, reste sans effet. Saisi du dossier dès le 11 avril, le chef de l'État a évoqué le cas de Nathalie le 19 juillet, alors qu'il recevait à déjeuner à l'Élysée le Premier ministre canadien, Stephen Harper. Il lui a demandé d'accorder une attention particulière à ma compagne, compte tenu de son état de santé. Les jours ont passé et aucune consigne n'a été donnée.

Bien au contraire : alors que la cour de justice avait prévu de se réunir le 4 août pour décider d'une éventuelle libération sous caution de Nathalie, l'audience a été reportée au 11 août au dernier moment, sans raison valable. À cette époque, ma compagne ressentait pourtant des contractions de plus en plus rapprochées et violentes. Malgré les avertissements des médecins, les juges agissaient comme s'ils souhaitaient que Nathalie accouche en prison. Une attitude révoltante et irresponsable qui pouvait conduire au pire.

L'ambassadeur de France à Ottawa avait beau multiplier les appels à la clémence, les autorités judiciaires restaient inflexibles et l'on pouvait alors se demander jusqu'où irait leur acharnement.

Le 11 août nous avions un début de réponse : l'audience était à nouveau reportée ! Deanne Gaffar, l'avocate de Nathalie, exigea une explication. Celle-ci était aussi simple que révélatrice : le dossier qu'elle avait déposé la veille au greffe du tribunal avait été volé ! Je dis bien « volé ». Par qui ? Dans quel but ? Nous n'en savions rien mais, une fois de plus, il apparaissait que l'instruction de l'affaire était torpillée par des inconnus que l'on aurait dû pouvoir identifier.

En attendant, Me Gaffar devait reconstituer à la hâte un nouveau dossier. Le 16 août, celui-ci était prêt, et l'avocate se présentait dès le matin au palais de justice. Mais aucun magistrat n'acceptait de l'entendre en audience ! Tous ceux qui étaient présents et disponibles se défilaient, prétextant qu'ils ne connaissaient pas l'affaire. En fait, ils ne voulaient surtout pas aborder un dossier aussi sulfureux, et encore moins avoir à se prononcer sur une éventuelle libération conditionnelle de ma compagne. En fin d'après-midi, une magistrate reçut enfin Nathalie et prit acte de son argumentaire afin de le transmettre au procureur. Une nouvelle audience fut alors fixée au 18 août pour connaître la décision du parquet.

Fait nouveau : le lendemain, Nathalie est admise à l'hôpital de Maple Ridge sous surveillance policière. On pourrait supposer qu'elle bénéficie enfin d'une mesure de clémence des autorités judiciaires en raison de son état de santé. Il n'en est rien. Elle est évacuée du centre de détention Alouette pour cause de grève. Les médecins et les infirmières de l'établissement débrayent pour protester contre leurs conditions de travail et le surpeuplement inacceptable de la prison. C'est tout dire sur les conditions de détention !

Face à ces dysfonctionnements et aux anomalies constatées dans cette affaire, tant au palais de justice qu'à la prison de Surrey, puis de Maple Ridge, certains, au Canada, commencent tout de même à s'interroger. Les journaux locaux font toujours bloc derrière Scott Grant, mais la presse nationale se montre de plus en plus réservée, et s'étonne de l'obstination des juges contre cette femme, qui n'est tout de même pas une dangereuse terroriste.

De même, un ténor du barreau de Vancouver, Joseph Arway, intrigué par le comportement des autorités policières et judiciaires, nous a proposé de venir renforcer la défense de Nathalie. Il a noté, depuis l'origine de l'affaire, un certain nombre de fautes flagrantes des autorités, fautes à ses yeux inadmissibles, voire condamnables. Nous avons volontiers accepté son concours.

Dans le même temps nous avons reçu un autre soutien de poids, tout à fait inattendu. Interpellé, lui aussi, par cet acharnement judiciaire sur fond de secte, un polytechnicien breton que nous ne connaissons pas, Louis Ripault, a fait part de son étonnement à l'une de ses amies, Louise Arbourg, Canadienne, en poste auprès de Kofi Annan au Haut-Commissariat des droits de l'homme de l'ONU, à La Haye. Il y a une dizaine d'années, cette magistrate a écrit un rapport accablant sur les prisons canadiennes, ce qui lui a valu son éloignement à l'étranger... En découvrant la situation de Nathalie, elle est intervenue officiellement auprès du Premier ministre canadien, le menaçant d'une commission d'enquête si elle n'obtenait pas des éclaircissements sur la procédure en cours et les conditions inhumaines de détention de Nathalie.

L'affaire Nathalie Gettliffe prend ainsi des proportions internationales qui laissent pourtant les juges de Vancouver de marbre.

Le 18 août à 17 heures, au terme de leur audience, ces juges maintiennent Nathalie en prison. Dès la fin de la grève du corps médical, elle devra réintégrer sa cellule, où elle sera à nouveau placée sous perfusion, comme son état de santé l'oblige. L'accouchement n'est plus qu'une question de semaines, voire de jours. Les défenseurs de Nathalie sont indignés. Le président de séance leur a dit qu'ils pouvaient faire appel, ce qu'ils font aussitôt.

Les magistrats, pour leur part, motivent leur décision par le fait que les enfants, Maximilien et Joséphine, seraient certainement tentés de fuguer pour rejoindre leur mère s'ils la savaient en liberté à Vancouver. Un double aveu terrifiant ! Il prouve que les juges savent que les enfants sont malheureux avec leur père, et qu'eux sont parfaitement informés de cette situation. Par qui, comment, et pourquoi ? La détresse de la petite fille et de son grand frère, en tout cas, ne les préoccupe pas.

Maximilien et Joséphine ont réussi à appeler une fois, en cachette, une cousine de leur maman, en France. Ils lui ont dit que leur père leur interdisait de téléphoner, et qu'il ne voulait plus qu'ils aillent voir leur maman en prison. Ils en étaient très affectés, ils appelaient au secours.

Mais à Vancouver, personne ne les écoute. Sauf leur mère. C'est ce qu'on lui reproche.

*
**

Au moment où ce livre part en composition, le 28 août 2006, nous sommes toujours dans l'expectative. Nous ignorons quelle sera l'issue de l'ultime recours en appel déposé par Nathalie concernant sa liberté conditionnelle. Vu l'attitude des juges, il y a peu de chances qu'il aboutisse. L'enfant naîtra-t-il alors dans de bonnes conditions en prison, et qu'adviendra-t-il de lui dans un contexte pareil ? Après sa naissance, sa mère sera-t-elle autorisée à le garder près d'elle ? Normalement, oui. Des structures sont prévues pour cela. Mais allez savoir... Et quoi qu'il arrive, un grand problème demeure.

Le jugement du tribunal, qui devrait advenir en novembre 2006, va-t-il confirmer Nathalie dans son rôle de coupable, sachant que la peine maximum dans ce genre de délit est de dix ans de prison ? Dix ans... alors qu'elle a juste voulu préserver l'intégrité morale de ses enfants face à une secte dangereuse ? Va-t-il confier la garde de ses enfants à un père totalement inféodé à cette secte ? Nathalie aura-t-elle le moindre droit de regard sur leur éducation, et sur leur état psychologique, lequel a alerté plusieurs médecins ?

La publication de ses lettres, qui en disent long sur le traquenard dans lequel elle est tombée et sur les traitements qu'on lui a fait subir, ne manquera pas d'indigner, je l'espère, tous ceux qui, par leur intervention et/ou leur influence, peuvent encore intervenir dans la suite de cette affaire.

En attendant, voici la dernière lettre de Nathalie à ce jour. Sur son lit d'hôpital, elle vient d'apprendre qu'elle accouchera en prison...

Maple Ridge. 20 août 2006

Cher Francis,

Mon état de santé est plus que lamentable, et pourtant on me maintient en prison. Pour justifier sa décision du 18 août, la Couronne avait obtenu une déclaration écrite de l'infirmière en chef de mon centre de détention indiquant que, en tant que femme enceinte, j'étais mieux soignée au sein de la prison que si j'étais de l'autre côté des murs, alors que la veille une grève de tout le personnel de santé avait été déclenchée dans les prisons de la province. Les infirmières ne répondent plus au téléphone, ne classent plus les dossiers, ne réapprovisionnent plus les stocks de médicaments, etc. Étant donné mon état, rester ici devient véritablement dangereux.

Résultat de l'audience décevant mais non surprenant.

La juge a refusé de me remettre en liberté car, selon elle, je risque de m'échapper et de repartir en France. Alors que je suis enceinte de huit mois, et qu'au-delà d'une centaine de mètres, je ne peux me déplacer qu'en chaise roulante. Malgré cela, je risque de kidnapper les enfants et de m'enfuir avec eux en France ! J'ai l'impression d'être pire qu'une terroriste ! Je ne me bats même plus contre la Couronne, mais véritablement contre un système juridique corrompu qui punit avant l'heure alors que je m'insurge contre des décisions criblées d'erreurs.

Enfin, mon combat a le mérite de révéler les nombreux dysfonctionnements de notre société. Tout d'abord, l'emprise des sectes dans les milieux juridique et politique, étant donné que leur pouvoir repose sur l'argent et la manipulation mentale.

Deuxièmement, les populations vulnérables (notamment les enfants) sont sacrifiées pour maintenir le système en place, notamment lorsque celui-ci se sent menacé (retour forcé des enfants, décision de me garder incarcérée alors que je suis enceinte et aussi mère d'un petit garçon d'un an).

Jusqu'où la Colombie-Britannique ira-t-elle, alors qu'elle se prépare à accueillir les jeux Olympiques d'hiver de 2010 ? Qui le sait ?

Pour ma part, je pense que ma cause est juste. Elle s'inscrit dans un désir de paix, de protection des plus faibles, et je ne crois pas avoir sacrifié qui ou quoi que ce soit. J'ai toujours respecté le désir des enfants de vouloir vivre avec moi, protégés des influences désastreuses d'une secte perverse. Cela m'aura coûté beaucoup de temps, d'énergie et d'argent, mais je suis restée libre et mon âme est intacte. C'est certainement le plus beau cadeau que je puisse faire à mes petits.

En attendant de pouvoir reprendre contact avec Maximilien, Joséphine et Jean-Philippe ainsi que tous mes autres proches, je remercie tous ceux qui m'ont aidée dans mon combat, tous ceux qui continuent à se mobiliser, et en avant la musique !

Fais plein de bisous et de papouilles à Jean-Philippe. Il me manque. Tu me manques aussi beaucoup. J'espère que nous serons bientôt tous réunis avec un nouveau bébé dans nos bras.

Tendres baisers.

Nathalie

*
**

Je suis époustouflé par le courage dont fait preuve ma compagne. Et par son optimisme. À moins qu'elle ne veuille aussi, par là, nous rassurer. Nous rassurer sur cette naissance qu'elle veut de tout son cœur sans problèmes, et sur le verdict qui tombera en novembre. Dix ans de prison ? C'est impossible ! Espérons que les multiples voix qui se lèvent contre l'iniquité de sa détention seront assez fortes pour ne pas séparer une mère responsable et aimante de tous ses enfants.

– TABLE DES MATIÈRES –

Direction d'ouvrage
Huguette Maure
et
Jacques Lesinge

Composition PCA
44400 – Rezé

Impression réalisée sur CAMERON par

BRODARD & TAUPIN
GROUPE CPI
La Flèche

pour le compte des Éditions Michel Lafon
en septembre 2006

Imprimé en France
Dépôt légal : septembre 2006
N° d'impression : 37675
ISBN : 2-7499-0570-2
LAF 878